女性が仕事で
夢を叶える!

心磨き7レッスン

後藤勇人
女性起業ブランディングの専門家

みらいパブリッシング

プロローグ　なぜ、最新スキルを学んでも成功できないのか！

「女性起業」・「女性が夢を叶える」この二つのキーワードは、現在インターネット上には、所狭しと並んでいます。

現在の副業解禁のブームにも乗って、多くの女性が起業や夢を叶えるためのスタートを切っています。

成功する人、しない人の差はマインドセット

私もコンサルタントやプロデューサーという職業柄、ホテルのラウンジで個人面談したりミーティングをしたりすることが多いのですが、その時にも、パソコンを打ちながらお茶をしている起業女子を多く見かけます。

ある日のことでした。私は友人コンサルタントと横浜中華街でランチをしていました。その時に成功する人としない人の違いは何かという話になりました。彼も長年の友人で、女性のクライアントが多いコンサルタントです。

彼、「後藤さん、同じようにコンサルしているのに、何故、成功する人としない人が生まれるのだろう?」

私「実は私もその部分は長年の疑問なんです。でも、提供しているスキルやノウハウは同じなので、やっぱりマインドの部分が違うんでしょうね。

成功する人は、成功するためのマインドが整っていて、成功しない人は、その部分が整っていない。つまり、心が磨かれていないんですよね。」

この様な会話が延々と2時間ほど議論の中心でした。二人とも真剣になり食事が冷めてしまうほどでした。

二人の会話は、これからの時代は、自分で稼ぐ力を持っている人だけが成功し、人生をエンジョイすることができて、お金の部分で他人や会社に依存している人は、結局自分の理想の人生は送れないだろう、という結論になりました。

プロローグ

さて、申し遅れましたが、私は女性のビジネスの成功をサポートするプロデューサーです。ビジネスで輝く女子を創る「ビジ女プロデューサー」、女性起業ブランディングの専門家とも呼ばれています。

世界の４大ミスコンテストのトップポジション、ミス・グランド・ジャパン２０１９のキャリアアドバイザーでもあります。

過去にグレコやアイバニーズというギターで有名なＯＥＭを含むギター製造で、世界シェア40%を達成したフジゲン創業者横内祐一郎氏のプロデュースをしたり、元ミスワールド日本代表のビジネスブランディングサポートしたこともあります。その結果、私のことを世界一の男のプロデューリーと呼ぶ人もいます。

このような仕事柄、私の元には日々多くのメールやご相談が寄せられます。実際にお会いしてのご相談もかなり多いです。

その多くは、女性が起業スクールに通ったり、起業セミナー、キラキラ女子起業系の講座を受けたりして、自分の強みや資格を活かして起業をしてみたものの上手くいかず、何とか上手くいくアドバイスが欲しいというものです。

お話しを聞いてみると、皆さん、売っている商品やサービスはすごく良いのに、なかなか行動に踏み切れなかったり、人間関係で失敗したり、問題にぶつかると凹んでしまったり、時間の使い方がイマイチだったり、お金の使い方が下手だったり、上手くいかない理由は様々です。

実際にご相談の後に、私のアドバイスやプロデュースを受けても、上手くいく人と、上手くいかない人に、はっきり分かれてしまいます。サービスや商品の違いはほとんどありません。皆、外見もお洒落で実年齢よりも若く、知識も豊富でスキルも申し分なく、どうして上手くいかないの？　と私の方で思ってしまうほどです。

7つのレッスンで自己投資の花が開く

この違いは一体どこからくるのでしょう？

私が教えているノウハウやスキルは最新のもので、そのレベルにも自信があります。実際に私のアドバイスを受けて行動し、その後出版してベストセラーを出し、多くのファンに囲まれて、テレビ出演を果たしている人もたくさんいます。年収も100万円程度だったものが、サポート後、1000万円、2000万円と稼いでいる人も多

プロローグ

く出現しています。2倍、3倍と売り上げアップしている女性もざらです。

この様に成功したり夢を叶えたりする人達を総合的に見ると、ある一つの共通点に行き着きます。それは、しっかり心磨きができているということです。


えっ、心磨きって？

という声が聞こえてきそうですが、心磨きとは、ビジネスで成功するために必要な「心の構え」です。この心の構えを磨くのが、心磨きです。

この本では、どんなに最新スキルを学んでも、どんなにセミナーに足繁く通っても結果が出ない起業女子や、夢を叶えるために頑張っているが、なかなか夢に辿り着かない夢追い女子に、最短で成功や夢を手に入れるための、マインドレボリューションを起こす、つまり、心磨きを施す本です。

本文でご紹介するのは、行動のレッスン、人間関係のレッスン、お金のレッスン、問題解決のレッスン、逆境のレッスン、時間のレッスン、自己実現のレッスンの7つのレッスン、つまり、心磨き7レッスンです。

このレッスンを受けると、あなたが今まで学んできたものが、すべてお金に変わります。例えば、新しく学んだマーケティングスキルや、ブログ集客の方法、心理学メソッド、スピリチュアルノウハウ、コンサルタントやセラピストとして稼ぐ方法などなど、多くの今までの自己投資が、この本によって花開くのです。

まずは、目次を見て、気になった部分をサクッと読んでみてください。

その後、何かのインスピレーションを感じ、直感がビビッと反応したら、あなたの心のパートナー、成功や夢実現の心のバイブルとして、この本をあなたの本棚のリストに加えてください。

読み進める度に、あなたの心が磨かれていき、成功を手にしたり、夢をゲットしたりする最強マインドに変わっていくでしょう。読んでいる途中でも、結果が大きく変わってくるでしょう。

人生は、自分が思った通りに書き換えることが可能です。

今どんなに上手くいっていなくても、どんなに過去に悲惨な失敗をしていても、心配ご無用。心を磨けばすべて解決します。

それでは、本文であなたをお待ちしています。
あなたに、心磨き7レッスンをさせていただくことを本当に楽しみにしています。

女性が仕事で夢を叶える「心磨き7レッスン」トレーナー
ミス・グランド・ジャパン2019キャリアアドバイザー
女性起業ブランディングの専門家　後藤勇人

女性が仕事で夢を叶える！　心磨き7レッスン〈目次〉

第1章

「行動」のレッスン

第2章

「人間関係」のレッスン

第3章

「お金」のレッスン
～お金は敵にも味方にもなる～……69

第4章

「問題解決」のレッスン

第5章

「逆境」のレッスン
〜アゲインスト風で大空に舞い上がる〜……125

第6章

「時間」のレッスン
～時間を制する者は結果を制する～……151

第7章

「自己実現」のレッスン

～ビジネスの宝石商になる～……177

第1章

「行動」のレッスン

〜〜瞬速で夢を叶えるために〜〜

自分らしさを捨てる

最近世間では、自分らしさという言葉が流行っています。

自分らしさってすごく大事なことだと思いますが、ビジネスの成功や夢実現においては、時には邪魔してしまうこともあります。

自分らしさという言葉を言い換えると、我を通すということにもなります。

もちろん我を通すことも大事な時はありますが、まだ未知の領域のビジネスをメンターやティーチャーから学んでいる段階では、自分らしさはマイナスに作用することが多々あります。

自分らしさとは、自分が納得できなければ、動けないということにもなります。

自分が納得するということは、自分が生きてきた人生経験の中で知り得た判断基準で、物事を判断するということになります。

では、何故、人に教えを請う必要があるのでしょうか？

自分が納得しなければ動けないのであれば、人に教えを請う必要はありません。

あなたより先に進んでいて、自分が欲しい結果を手にしている人は、その過程で様々な経験を積んでいます。もちろん、あなたがまだ経験していないこともすでに経験済みでしょう。

その目線からの判断でアドバイスをしていたとしたら、当然あなたは未経験ですので納得できないことも多いでしょう。

でも、その度に自分らしさを貫いて我を通していたら、一向にメンターが人生で経験してきた知恵を使うことはできないのです。

つまり、自分らしさを貫き通すことは、自分の成長を止めてしまうことにもなるのです。

私のメンターは、グレコやアイバニーズで有名なフジゲン創業者横内祐一郎氏です。以前は活発にプロデュースもさせていただいていましたが、現在はご高齢ということもあり、第一線を退いているのでそれほど頻繁なサポート案件はないのですが、以前は、常に会ったり電話でミーティングをしていました。

そんなある日のことです。横内氏が唐突に私に聞いてきました。

横内氏「後藤さん、あなたの目標は何ですか？」

私「私は理美容の世界の人間なので、この世界で伸びていこうと思っています。」

すると、横内氏は思いがけないことを私に言ったのです。

横内氏「あなたは目標を持つことを止めなさい」と。

私は驚いてすぐに聞き返しました。

「目標を持ってはいけないのですか？　でも多くの成功者は目標を持てと言っています。」と答えた後に、ふと思いました。

わずか26年で世界一のギター会社をつくった横内氏が言うのだから、余計なことを言わずに素直に受け入れようと。そこで、その真意を聞いたら、次の様な言葉ですごく納得したのです。


「後藤さんの目標は、あなたが生きてきた世界の中のこじんまりした目標です。

さらに、あなた自身も好きなものしか学ばないし、好きなことしかしないでしょう。

あなたの思考は偏っています。その小さなあなたの思考で、あなたの人生をデザインしたら、小さなあなたしか生まれてこないし、あなたの本当のポテンシャルは引き出せないんです。

それから、あなたにはわからないかもしれないが、あなたの潜在能力は小さな世界でこじんまり生きるより、もっとずっと可能性を含んだものです。

だから、大きな目標を持つことはいいが、小さな目標で自分を縛らないほうがよい。

さらに、目の前のことに全力で挑んで輝きなさい。その輝きは、必ず天の目に止まり、あなたが次のステージに行くための人と環境を天が用意するでしょう。つまり、目の前のことに全力で挑んだら、天のオファーを待ちなさい」と。


この教えは、私の人生を180度変えました。

もし、私があの時、我を通して強く反論していたら横内氏はそれ以上話してはくれなかったでしょうし、私の現在のポジションはなかったでしょう。

ヤフーニュースに8回も登場したり、海外にクライアントを持ったり、11冊の本を執筆することもなかっただろうと思います。つまり、自分らしさを追求することは、時と場合によっては、自分自身の成長の日を摘んでしまったり、チャンスを逃がすことにもなるのです。

もし、メンターやティーチャーが、あなたの考えと違うことをアドバイスしてきたら、自分らしさという名の我を通さずに受け入れてみるのも必要なことです。

これは、誰でもないあなたへの大事なアドバイスとして受け取ってください。

☆心磨き一言エッセンス

自分らしさで可能性を潰すな

行動より先にイメージを完成させる

行動とはイメージの産物です。つまり、行動に移す前にまずイメージがあって、その後行動が生まれます。ですから、イメージが未完成のままで行動しても良い結果は得られません。イメージの完成が行動の成功の鍵なのです。


私は、若い頃に10年以上ウェイクボードというスポーツをやっていました。

このスポーツは、マリンスポーツの一種で、モーターボートからロープを垂らし、それにつかまってサーフボードのような板を滑らせるスポーツです。

かなりアグレッシブなスポーツで危険を伴うのと、私が一緒に滑っていたチームは、当時のウェイクボード4年連続チャンピオンの弘田登志雄氏のチームでしたので、かなり高度な技もこなしていたので怪我が絶えませんでした。

ある日のことでした。回転系の技にチャレンジした時に足を骨折してしまい、しばらくギブスをすることになり、当時のメインビジネスであるサロンのワークにも影響が出るほどでした。サロンワークは、何とか根性で椅子を上手く使いながら乗り切りましたが、流石にウェイクボードはできない状況でした。

そこで頭のスイッチを切り替え、この時間は神様が何かをしなさいと与えてくれた時間だと割り切り、新しいサロンを作ることを思いつきました。

当時私は、ヘアサロン2店と、ショットバー1店を経営していましたが、さらに4店目として思いついたのが日焼けサロンでした。

実は、私は日焼けサロンには一度も行ったことがなく、まったくのイメージだけで日焼けサロンを作ってしまったのです。つまり、イメージが完成したことによって、行ったこともない日焼けサロンをわずか3カ月で作ってしまったのです。

具体的には、どんな方法を取ったかというと、もし自分が日焼けサロンに行くとしたら、どのようなお店なら、自分が満足して継続して通うリピーターになり、周囲の人に口コミするだろうかと考えました。

そこで、まだ内装も何もできていない、まったくのがらんどうの店舗の中を、受付からスタートし、スタッフの対応はどのようなものが一番心地良いのか？　それから、実際に部屋に入って洋服を脱ぎ、オイルを塗って焼き始める所や、その後、シャワーを浴びて洋服に着替えるまで、最後にドライヤーでヘアを整えるまでを詳細なイメージで作り込んでいき、それを文章化していきました

さらに、自分が嫌だと感じる部分もピックアップしてみました。

例えば、当時日焼けサロンに通ったことがある人に聞いたことで、身体にタオル一枚巻いただけの姿で更衣室で知らない人とすれ違う、混んでいる時のシャワーの待ち時間が長い、マシンに他人の髪の毛が付いていたなど、様々な部分の改善もイメージしました。

如何せん、一度も行ったことがないので、どのようなものが良いのかはわからず、自分ならどんなお店が心地良いのかのイメージだけを頼りに作り上げました。

その結果、でき上がったのは、日焼けサロンの常識を覆した完全個室で、各部屋にシャワールームを完備、さらに、誰かが間違えて部屋を開けることがないように、お客様が内側から鍵をかけられるシステム。連絡はすべての部屋に設置した内線電話を使うという画期的システムでした。結果、その日焼けサロンはすぐに評判になり地域一番店になりました。

この様に物事は、まずは頭の中の妄想や想像からスタートします。ですから、何かを始めようと思った時には、まず、イメージをすることが大事です。そのイメージが完成すれば、実際の現実として現れてくるのです。

今まさに私自身が書いているこの本も、半年ほど前は、イメージという状態で、私の頭の中に存在していました。それが今現実として、あなたの手に渡り読んで頂いているのです。

別の事例を挙げますと、私は現在英語を話せますが、私が英語の勉強を始めた時に、すでに私の英語の先生の頭の中には、私が英語をペラペラ話すイメージが完成していたそうです。私自身は正直その話を聞いて驚いたのですが、彼女の言う通り、今では難しい専門的な英語を除いて、日常会話や自分のビジネスのＭＴＧなどは英語でできるまでになりました。

実際に見てみたい人は「後藤勇人・英語」で検索してみてください。

私の周りの人でも上手くいかない人は、最初のイメージをしないままに、フィーリングだけでスタートしたり、イメージが完成していないのに、焦ってスタートして失敗したりしています。もし、あなたがこれから何かをスタートしようとしているのならば、まずイメージを完成させ、空想上の成功を体験してください。その後、実際にスタートする手順を踏んでください、必ず現実のものとしてあなたの前にイメージ通りの現実は出現するでしょう。

☆心磨き一言エッセンス

イメージの完成が夢実現の鍵

理想の人物をパクってみる

ビジネスの本質は物真似です。学ぶことは真似ることと言われるように真似るということは、一番早く結果を出す方法でもあります。「学ぶ」の語源は「真似ぶ（まねぶ）」と言われています。

実は私達のコンサルタント業界には、ＴＴＰという言葉があります。これは、アメリカが離脱した環太平洋パートナーシップ協定のＴＰＰではありません。なんと「徹底的にパクる」の略語です。これは一言で言うと、ビジネス用語のモデリングです。人にビジネスを教えるコンサルタントでさえ、このようなスタイルを取るのですから、この戦略は、最高かつ最強です。ビジネスを一から作り上げるには相当なエネルギーが必要です。しかも、そのビジネスモデルが本当に利益を生むかどうかもわからない、ある意味、賭けでもあります。

私はこのようなビジネスのスタイルを「モルモットビジネス」と呼んでいます。モルモットは、かつて病理学の実験でよく使われており、何かの実験的なスタイルのことを「モルモット」と呼んだりします。儲かるかどうかがわからないビジネスを、最初に作り上げるスタイルのモルモットビジネスは、ある意味では資金力があって、利益を上げるまでに時間がかかっても耐えられるだけの体力がある大企業の戦略です。

それに引き換え、モデリング戦略はすでにビジネスモデルとして完成して、お客様を獲得できることがわかっている完成されたビジネスモデルです。

このモデルに既存のクライアントの不満点を解消して、さらに、自分のオリジナリティを加えて参入するスタイルが、私が推奨する後藤式モデリングです。

このモデルは、ただ真似するだけでなく、既存のクライアントの不満点を解消して、さらに、独自のオリジナリティを加えているので、すでに、モルモットビジネスで先発参入した他社のクライアントを獲得できる上に、さらに、オリジナリティを加えているのでライバルに対する参入障壁も作ることができます。

この、後藤式モデリングは、ビジネス用語のレッドオーシャンとブルーオーシャンに対抗して「ライバル不在で勝ち続けるダイヤモンドオーシャン」と呼んでいます。

実は、私自身もいつもこのスタイルで参入しています。

一例を挙げますが、私はブランディングプロデュースをする時に作り上げたブランドを最強のものにするために、本の出版のプロデュースまで手掛けています。

通常、世の中にある出版プロデュースやセミナー、塾は参加者が参加費やプロデュース費を払ってスタートするスタイルが多いのですが、確実に出版できるとは謳っていません。

ですから、ある意味、主催者に逃げ道がある訳で、参加者は出版できないケースも多々あります。正直に言うと、出版できないケースの方が、出版セミナーや塾では多いのです。

個々にプロデュースするスタイルは、多少の成功率のアップはあるとは思いますが、100％謳っているところは、私の知る限りではありません。

という訳で、既存クライアントの不満点は、お金を払ったのに出版できなかったとか、あるいは、自費出版というスタイルでごまかされたという話がとても多いのです。

私はコンサルの現場で、このような人の話を多く聞いて、これ以上悲しい思いをする人を出さないことと、本を出版したいという人の夢を叶えるために、商業出版で100％の成功率を謳った出版プロデュースを始めたのです。

具体的には、数人でチームを組んで、ヒアリングして企画書作成から出版社への営業まですべて行います。ご本人が忙しかったり、文章を書くのが苦手な場合は、必要に応じてライターの手配をして出版まで導くスタイルです。しかも、ご依頼者ご本人が諦めない限り出版決定まで、３年でも5年でもやり続けます。

もちろん、最初に着手金は頂きますが、残りのフィーは、実際に作った企画書が企画会議を通過して出版決定のお知らせが届くまでやり続けるのです。その結果、今では、キャンセル待ちができるほどのご依頼を頂いています。

さて、この出版プロデュース業ですが、私が一から作ったモデルだったのでしょうか？

実は、この時にもモデリング手法を使っています。つまり「ＴＴＰ」徹底的にパクって、すでにあるビジネスモデルに、１００％出版保証という改良を加えて参入したのです。結果的に、大きな失敗もなく、すぐにビジネスとして成り立つビジネスモデルが構築できたのです。もちろん、人真似はイヤだという人には、このモデルはお勧めしませんが、現在はスピード社会です。インターネット時代には、情報は瞬時に世界中を駆け巡ります。この様な時代のバックボーンの中、一から自分で作り上げるスタイルは、目的地に到着する時間は、飛行機を使った場合と自転車に乗って行った場合ほどの違いを生み出します。

時間とお金をドブに捨てないためにも、先人の方法を真似る、つまり、モデリングをしてみてください。あなたのビジネスが大きなトラブルもなく、一気に軌道に乗ることでしょう。

☆心磨き一言エッセンス

成功のレシピを活用しよう

行動を継続するには時にはズルする

行動は誰でもできますが、継続となると本当にできる人は限られています。

ある営業系のセミナーでの話です。講師は、営業で日本一を達成したすご腕の営業マンなのですが、セミナー終了後の質疑応答で次のような質問が出たそうです。

質問者「先生はこのような営業のセミナーをして、大事なノウハウを教えてしまっては、もし、このセミナーにご自身と同じ会社の人や同じ分野の営業マンが紛れ込んでいたらどうするのですか？　自分のライバルにノウハウを教えてしまうことになりませんか？」

それに対して講師の答えは次のようなものだったそうです。

講師「大丈夫です。もし会場の１００人すべての参加者が私のライバル営業だったとしても、実際に私のライバルになるのは、３人だけです、理由を説明します。

この会場に１００人の同業者がいても、私の話を理解する人は、全体の80％です。

残念ながら残りの20％の人は理解できないです。このパーセンテージは、パレートの法則から導き出しています。パレートの法則とは、世の中のすべてのものは、80対20の配分で分布されるというものです。

そこから導き出すと、まず、80人が私の話を理解します。でも、その中でも行動に移せるのは、そのうちの20％の16人だけです。さらに、それを継続できるのは、その20％ほどの3人です。だから100人の中で私のライバルになり得る人は、わずか3名ということになるのです。」

この会話からもわかるように継続することはとても難しいことなのです。では、継続をあきらめないといけないのでしょうか？　いえいえ、そんなことはありません。実は裏技があるのです。

それは、「ズル」をすることです。ズルとは、具体的には休み休み継続することです。例えば、世間ではあまり良い意味で使われていない三日坊主を繰り返すとか、その様なアプローチです。三日坊主を繰り返すことは、言い換えれば、3勤1休を繰り返すことです。もっとゆるく設定するなら二日続けて1日休む、2勤1休でも良い訳です。

一番良くないのは、やりたくない気分の時に無理やりやって、やるべきことを、やらねばならない義務の領域に移動させてしまうことなのです。

私は趣味としてゴルフやウェイクサーフィンをしますが、基本的に自分がやりたいと感じた時に、ゴルフの場合は友人に声をかけて誘います。もし、これが自分がやりたくない気分の時に、無理やりでもやらなければならない義務になると、やる気を失って、ゴルフをやらなくなってしまうでしょう。理由は、義務になったとたん、やりたいというモチベーションが湧かなくなってしまうからです。

本の執筆の時もそうです。基本的に書きたいと思ってモチベーションが上がっている時には、どんどん書きますが、気分が乗っていない時には、平気で放り出してサーフィンに行ったりします。

その結果、書きたいというモチベーションが維持されるので、どんどん継続して書けますし、執筆そのものも楽しいと感じます。

先にも話しましたが、私が英語を話せるようになったのは、義務感で英語を覚えたのではなく、趣味としての英会話を楽しんだからなのです。でも、学生時代は英語が大嫌いで、本当に英語に関しては低レベルの生徒でした。なんせ、高校でも「アンブレラ」という単語が読めずに、英語の先生にしばらくの間、「アンブレラ後藤」と呼ばれた程でした。

その様な状況の中、20代は毎年海外に行っていたために英語は必要だと思い、覚えなければならないと義務で勉強しましたが、すべて挫折しました。購入した教材は10個以上になるでしょう。それでも覚えられなかったのです。でも、趣味として英会話を始めたら、簡単に話せるようになりビジネスとして英語スクールを立ち上げるまでになりました。

この様な側面から見ましても、何かを始めた時に、ちょっとやりたくないなと感じた時には、戦略的なズルをしてモチベーションを維持することが大事です。

私のクライアントでもメルマガやブログを始めても、短い期間で挫折してしまう人の特徴は、最初に意気込んで飛ばし過ぎて、途中で失速してしまうパターンがほとんどです。言い換えれば、続けることが義務になってしまってモチベーションがなくなってしまったのです。

どうぞ、あなたも戦略的なズルをして、行動を継続してみてください。決して、ズルしたい気持ちが出てきた自分を責めることはしないでください。休みたいという感情は、立派な潜在意識の声なので、受け止めることが大事です。
さあ、今日からたまにはズルしましょう。

☆心磨き一言エッセンス

たまにするズルは、受け入れよう

結果を手放せば結果が出る

あなたは何かを始めた時に、結果を出そうと躍起になっていませんか？

もしなっているとしたら要注意です。

結果は求めてはいけません。正確に言うと、短い期間で結果を求めるのは百害あって一利なしです。


多くの上手くいかない人は、次の言葉を理解していません。

「石の上にも三年」です。


この言葉の意味は、どんなことでも結果を出すには、3年はかかるという意味です。

最近の言い方で言えば、一万時間の法則もそれに当たります。

一万時間の法則というのは、どんなことでも一万時間ぐらいやらないとプロにはなれないし、結果も出ないということです。つまりどんなに短期間頑張っても事を成すには、結局3年ぐらいは必要だということです。

私自身もヘアスタイリストとして、多くのお客様からの指名が増えだしたのは、3年ぐらい修行した後でしたし、趣味であったウェイクボードでも3年目あたりから、回転系の技もどんどんできるようになりました。逆に上手くいかないものは、3年以内に止めているものが多いのです。

以前、友人の紹介である指笛の演奏家とお会いしました。ご縁の発端は、私が友人と4人で長野に旅行に行った時に、その指笛奏者が、たまたま海外から帰国していて、彼女の実家に遊びに行ったのが始まりでした。私の指笛のイメージは、遠くから誰かを呼んだり、カラオケで囃し立てる時に「ピーピー」吹いたりする程度だと思っていたのですが、実際に彼女が演奏してくれたのが、「アメージンググレイス」でした。

演奏を聞いた時に感じたのは、音が波の様に響いて、体に入って来る感じでした。あの時の衝撃は今でも鮮明に覚えています。

早速、旅行から帰ってから、ネットで彼女のCDを検索し購入しました。それからすっかり虜になってしまって、ユーチューブで吹き方のハウツーを見つけ、毎日練習して吹けるようになりました。

取りあえずは数曲吹けるようになって、いずれどこかの場面で披露できるのではないかと思っていたのですが、ちょっとした事件がありました。

それは、私が練習でしていた時に、一人の女性スタッフが、耳を塞いでいたのです。確かに吹けるようなると、とても大きな音が出て、ある意味ではうるさい側面もありました。

でも、まさか耳を塞ぐほどうるさかったとは思ってもいませんでした。その姿を見た時に、一気にモチベーションが下がってしまったのです。以前演奏者の彼女は、音が大きいので練習をする場所がなかなかないと言っていたのを思い出しました。それからというもの、サロンでの練習は止めて、自宅で練習していたのですが、昼間は練習できないので、どうしても夜の練習となると、音が気になってだんだん練習から遠ざかってしまいました。

折角吹けるようになってこれからという時に残念だったのですが、一度下がったモチベーションはその後上がることはありませんでした。やはり継続できないものは、結局モノにはならなかったのです。

さて、私の個人面談のお客様にも「モグラさん」がたまにいます。モグラさんとは、あちこちに穴を掘る人です。

ビジネスを井戸掘りに例えてみましょう。井戸は、深く掘っていけば必ず水が出ます。水が出ない井戸は、掘る深さの制限を付けなければ、まずありません。でもモグラさんは、井戸を掘り始めてもすぐに結果が出ないと我慢できず、また他の井戸を掘り始めます。井戸を掘る場所を教わったり、道具もそれぞれ違うので、その度に、井戸の掘り方を教えてもらうセミナーに参加しなければなりません。さらに、道具も買わなくてはいけないのです。

つまり、お金と時間をかけても、結果を焦るあまりに、すべて無駄にして、時間もお金もドブに捨てているのです。お金や時間が有り余っていて、ビジネスを趣味でやっているならまだしも、その様な人は本来いません。

結論を言うと、結果を出すことはもちろん大事ですが、本気で結果を出すには、ある意味結果を手放して楽しみながらやることが重要です。

世界の四大聖人の孔子の言葉ですが「これを知る者はこれを好む者に如《し》かず。これを好む者はこれを楽しむ者に如《し》かず」

この意味は、知っている人より、好きな人の方が上で、好きな人より楽しんでいる人の方が結果を出すという意味です。

つまり、結果を手放しで楽しむことは、古代から伝わる結果を出すための真理でもあるのです。どうぞ、結果を焦らず楽しんで結果を出してください。

☆心磨き一言エッセンス

目先の結果を追わずに気長に攻める

第2章

「人間関係」のレッスン

〜〜他人を味方に引き込む〜〜

自分を殺して相手を生かす

多くの人は自分を生かそう生かそうとします。

あなたが人と相対する時、自分を生かそう生かそうと躍起になると、その結果、相手が自分を殺してあなたに合わせていかないといけません。

この行動はとてもストレスが溜まります。

ここで質問です。あなたは、付き合っていてストレスが溜まる人と、長い付き合いをしたいと思いますか？　答えは、ほとんどの場合「ノー」でしょう。中には、Mっ気のある人もいるのでは、ＯＫかもしれないですが通常はＮＧです。ということは、自分の利益や自分の意見を優先し過ぎる行動や思考は、一時的には得した風に感じますが、長い目で見ると人間関係が壊れて結果的にマイナスに作用します。ですから、相手を味方に引き込んで自分のファンや応援団にするには、自分を殺して相手を生かすことが重要です。

以前、私がビジネスコラボした時の話です。

お互いにクライアントのターゲットが同じカテゴリーだったこともあり、ある方とセミナー系ビジネスでコラボすることになりました。最初のうちは良かったのですが、コラボ相手のビジネスフィー要求がどんどんエスカレートしてきて、徐々にコラボに対してストレスが溜まるようになり、最終的には、コラボを解消することになりました。

このケースは、こちら側が相手に合わせていたので、そのストレスが限界値に達し、最後は人間関係が破綻したケースでした。

また、逆にこちらもコラボビジネスの話ですが、お互いに波長があっていたので、少々のことはお互いに気にならず、金銭的にも常に折半で気持ち良くコラボを継続するパターンもありました。この様な場合は、コラボは一回こっきりにはならず、何度もいろんな案件でコラボは継続することになり、お互いに大きなメリットにつながったケースです。

実は、私の個人面談に来られる方の中にも、コラボの在り方についてのご相談は実に多いのですが、その多くは、コラボ相手に対する不満がほとんどです。基本的は、次のようなケースが多いのです。

「コラボでセミナーを始めたのですが、相手が全く集客できず、私ばかりが集客することになり、すごくストレスが溜まってしまいます。さらに、フィーは折半なので不公平に感じてコラボを解消しました。」ざっくり言うとこのようなことが多いのです。

これに対して私のアドバイスは、最初から同じレベルの集客力がある人同士が組むか、あるいは「最初に集客についての決めごとを明確に決めておくことが重要です」と言います。

さらに、もし自分に集客力がない場合には、最初からそのことを正直に話して、その代わり、手がかかる事務局と運営を一手に引き受けることもありです。

このスタイルはあまりお勧めではありませんが、もっとドライに考えて、基本的には折半にしておいて、オプションで集客した人数分のでき高設定にしておくパターンもあります。

ただこのパターンは、ドライであるがゆえに、関係が壊れやすいという側面も多くありますので注意が必要です。

このあたりを気を付ければ、コラボはビジネス上本当にメリットがある戦略です。

私の現在のビジネスは、ほとんどコラボで展開しています。設定は、コラボスタイルによって様々ですが、私がコンテンツホルダーとしてマーケッターと組む場合は、基本的には折半です。

また、私がプロデュースしたクライアントに対して、その後継続的に告知サポートしたり、無料コンサルや人脈紹介、メディア人脈のご紹介等々を提供する代わりに、売り上げから、10％～30％頂くスタイルもやっています。

実は、この時の人選でも、あまりにも我が強かったり、欲が深いと感じた人などは、やんわりとお断りするケースもあります。この様な場合でも、最初の面談などで自分を強く主張する方や、あまり素直に意見を聞かない方などは、コラボターゲットから外します。

このようなコラボにしても、他の案件にしても、あまりにも自分を主張する人というのは、敬遠されることが多いのです。

ただ一個人に敬遠されるだけでは良いのですが、このような話は大抵尾ひれが付いて、すごく大きな話になったり、まったく違った人間性として、他の人に伝わってしまうことが非常に多いのです。お恥ずかしながら、私自身もそのような陰口を言われたこともあります。

ビジネスは自分一人ではできませんし、ほとんどの場合は、人とのつながりの中で展開されていきます。このような側面からみても、人間関係の構築は最重要課題です。良い人間関係を作るポイントは、自分を殺して相手を生かす、です。

この部分さえ押さえれば、大抵の場合は上手くいき、結果的に自分も大きな利益を手にすることができます。

☆心磨き一言エッセンス

多少損しても相手が喜ぶ提案をする

相手の長所に寄り添う

世の中に完璧な人間などいません。

皆、必ず長所と短所があります。もちろん、私にも長所もあれば、短所もたくさんあります。なかなか聖人君子の様な人は見当たりません。また、それが人間性であり個性でもあるわけです。

ちなみに、私の長所は、スピードがあり行動が早いことですが、逆に言うと、熟考する前に行動してしまったり、勇み足的な部分も多々あり、これで失敗したことも一度や二度ではありません。でもこの性格というのは、なかなか変えられるものではないのです。

この様に長所と短所は裏表でもあります。

例えば、身長の高い人は、人込みでも見通しが良いですが、頭を天井や何かにぶつけるリスクも高いです。また背の低い人は、小回りが利く半面、満員電車では息苦しいでしょう。

他にも、太っている人は見た目は、スタイリッシュではないですが、寒さには強いです。逆に痩せている人は、洋服をスタイリッシュに着こなせますが寒さには弱いです。つまり世の中すべてメリットの裏にデメリットがあるのです。

このような側面で見た場合に、人の性格もすべてメリットとデメリットが裏表です。だから、良好な人間関係を作る上で大事なことは、相手の長所だけを見て、短所には目をつむることです。

私が長くお付き合いさせて頂いている友人達も、皆それぞれ癖があります。すごく良い人で実力があるのだけれども、時間にルーズな人もいます。でも、最初からその部分は、頭に入っているので遅刻して来ても大して気になりません。たまに時間前に来たりすると逆に驚くことがあるほどです。

でも、そのような短所を持っていても、それを凌駕してしまうほどの長所があり魅力があるので長い人間関係が構築されているのです。他にも責任感がすごく強くて頼りになるのですが、ビジネスには厳しい人などもいます。その方などと話していると、自分の脇の甘さに気付かされることもあります。

では、ここで、私の長所であるスピード感が、逆にマイナスに作用してしまった話をしましょう。以前ある出版社に企画書を提出していたことがありました。

あるパーティーでお会いして共通の知人もいたこともあり、お酒が入り話が弾んだ後に、本の話になりました。相手も編集者ですから、当然いつも企画を探しています。私自身もそろそろ次回作をと思っていた時期だったので、自然と企画の話になりました。先方も私の話に興味を持ってくれて、後日ランチをすることになりました。

当然そのランチでは企画の話になり、私も企画書を持って行ったので、先方に渡しました。その後、お互いに何度かメールのやりとりをして、結果を待っていたのですが、なかなか返事が来ませんでした。結果を聞きたくなり催促のメールをしたのですが、その時にも状況はまだ変わりませんでした。

この時点で少し期間を置いて、腹を決めて待っていればよかったのですが、タイミングが悪く、他社から出版のオファーがあり、スケジュール感も確認したかったので、再度結果の催促のメールをしてしまったのです。

結論を言うと、私があまりに結果を焦って複数回聞いてしまったために、先方が気分を悪くしてしまいお流れになってしまったのです。この失敗は、私の長所であるスピードと行動力がもたらした失敗でした。

もう一つの事例を言うと、私のメンターであるフジゲン創業者の横内氏は、わずか26年で世界一のギター会社を創りましたが、実は戦略担当のビジネスパートナーがいました。

当時の横内氏は専務という肩書であり実務を担当していましたが、戦略自体は社長である人物が考えていました。世界一戦略を最初に考えたのも、ニューヨークでギターを売って実績を作り、世界シェアを狙う戦略もすべてその方のアイディアでした。

でも実はその方は、世間の評判はあまり良くなく、お金にもがめつく、自分勝手な側面も多々あり、横内氏がビジネスのパートナーシップを組む時に、多くの人が反対したそうです。横内氏にもそのことはわかっていましたが、彼が持つ戦略を考えるという長所のみにフォーカスし、短所の部分は目をつむったのです。結果的に、彼の戦略が功を奏し、わずか26年で世界一になったのです。

もちろんほとんどの実務と、彼が会社を去ってからのすべての戦略は横内氏が立てていたので、90%以上は横内氏の功績ですが、最初に世界一を狙って、ニューヨークで売れれば世界中で売れると判断し、英語ができない横内氏にニューヨーク行きを命じたのが彼だったのです。

物事には必ず二面性があります。人の性格にも必ず二面性があります。悪い部分にどんなにフォーカスして批判しても、一つも良いことは生まれません。逆に良い部分にフォーカスして、良い人間関係を作れば、そこからは多くの良いことは生まれてきます。

人を育てる場合でも同じです、悪い部分は目をつむって良い部分を伸ばせば、結果的に悪い部分も更生されることは良くあります。このアプローチを取ればすべての人があなたの味方になるでしょう。

どうぞ、今日からこのスタイルで人に接してみてください。素晴らしい人間関係が生まれること請け合いです。

☆心磨き一言エッセンス

短所は個性だと割り切る

お互いの強みをミックスする

人にはそれぞれ固有の強みがあります。どんな人にも一つや二つは得意なことがあったり、武器になる部分を持っています。中には、「私には何の取柄もない」など言う人もいるかもしれないですが、どのような人でも探せば必ずあるものです。

先日読んだ本に「取柄」についての面白い話が書いてありました。

それは、ある引き込もりでニートの人の話です。通常引き込もっていてニートなんていうと、何の取柄もないように感じますが、引き込もりの人にはゲーム好きが多いようです。

実は、このニートの人には思わぬ才能がありました。それは、ゲームに登場するキャラクターが使用する武器のネーミングのセンスです。戦闘系のロールプレイングゲームは武器をゲットして敵と戦うスタイルのものが多いですが、その武器のネーミングは非常に重要です。名前を見ただけでどんな武器なのかが想像できるネーミングが必要であり、しかもその武器の内容を簡潔に表すことが大事です。そのセンスが彼にあったのです。

それをひょんなことから見抜いたゲーム会社が、彼をネーミングのプロフェッショナルとして採用したのです。この様に人には思わぬところに強みが隠れているものです。

以前、私の経営していたBARの店長は、カクテルを作る才能やお店を繁盛させる才能は、あまり高いとは言えませんでしたが、変わった特技がありました。それは、細かいものを作るのが好きというものです。私は彼のその特技に気付いて、あるものを作らせました。

それは、カクテルキャンドルというカクテルグラスの中に、お酒の代わりにジェルの蝋燭を入れたキャンドルです。

元々は、夏休みに家族で行った伊豆の旅行先で子供向けにやっていたイベントのアイディアをアレンジしたものですが、私の企画力という強みと、彼の細かいことが得意という強みをミックスして生まれた商品です。

このカクテルキャンドルは、イタリア製のグラスを採用した結果人気となり、楽天ショップで売り出したほどでした。なかなか手間がかかることから長くは販売しませんでしたが、販売中止してからもお問い合わせが来るほどでした。つまり、お互いの強みを持ち寄れば、良い商品が生まれるという事例でもあります。

ちなみに私の強みは、発想力や企画力、プロデュース力です。だからブランディングプロデュースをしているのですが、いろんな場面で、このプロデュース力を発揮してビジネスコラボしています。最近は回数は減りましたが、以前は毎年必ず合宿型のセミナーを開催していました。一番多い年には、年6回開催したこともあります。

合宿セミナーの良いところは、参加者と講師の絆が深まることと、参加者同士も仲良くなれるところです。一生の付き合いになるケースも少なくありません。

その合宿を開催する時に、友人著者と強みの持ち寄りをして、一つの商品としていました。まずはビジネス回りの話ですが、友人は集客力とライティング力に長けている人で、いつもライティングと集客に力を入れてもらっていました。

それに引き換え私の強みはプロデュース力ですから、ホテルの選定から合宿の中身の構成、お互いの講演テーマ、事務局等々私の方で担当していました。もちろん利益は折半の形です。この利益折半という形は、一番揉めにくい形でもあります。

さて私は他にも強みミックスのビジネスをやっています。それは英語のスクールとパーソナルレッスン、オンラインサロンです。こちらの場合は、私も日常的な英会話はできますが、人に教えるほどの能力はありません。専ら私の担当は、ブランドを作るための戦略や、出版プロデュース、ビジネスモデルの構築、人脈作りなどです。

それに引き換え、ビジネスパートナーはカナダ生まれのネイティブですから、実際のスクールの開催やパーソナルレッスンなど表に出る部分を担当してもらっています。これも立派な強みミックスのビジネスモデルです。

このようにお互いの強みをミックスするスタイルは、無限の可能性を生み出してくれます。私などはプロデュースが強みなので、ある意味、相手の強みがどんな場合でもコラボとして人間関係を作りビジネスを仕掛けることができます。

また変わった例ですと、私が他のプロデューサーと組んで、私自身はコンテンツホルダーとして強みミックスをする場合もあります。その場合は、私はビジネスタレントに徹してプロデュースは任せるスタイルで展開します。

さて、あなたはどんな強みを持っていますか？　他人から見て魅力のある強みに見えますか？　もし、まだないのでしたら、今すぐ強みを作り出してください。強みミックスのビジネスモデルで無限の可能性が広がります。

☆心磨き一言エッセンス

強みミックスで無限の可能性を探ろう

常に逃げ道を作ってあげる

モノを売る場合でもサービスを売る場合でも、人は誰でも、人にコントロールされることを嫌います。もちろん私自身も人にコントロールされるのはイヤです。人にとって大事なことは、決断も撤退も自分の意志でできることです。

これは人間関係においても同じことが言えます。

人間関係において、相手の退路を断って追い込むことは百害あって一利なしです。最初はその方法でコントロールできても、最終的にはマイナスに作用します。

私は24歳から経営者をやっていて様々なタイプの人をスタッフとして使ってきました。若い頃の私は恥ずかしながら、どちらかというと、相手の逃げ道を断って追い込むタイプでした。基本は経営者と従業員という形でしたが、中には店長クラスの人で出来高設定の人がいたり、売り上げの何%という形で報酬を払っている人もいました。

その様な場合は、基本的に契約を結んでやるのですが、私はいつも相手の退路を断って逃げ道を無くしてやるスタイルを取っていました。

今にして思えば反省点はたくさんあるのですが、当時の私の年齢では、経験不足もあったのでそれが正しいと思ってやっていました。しかし、そのやり方は表面的にはすごく良く見えるのですが、裏では不正が出たり、隠ぺいが出たりと様々なトラブルが起こっていたのです。

ある時に、美容系店舗の店長と売り上げの何％かをマージンとして払う契約をしていた時のことです。店長は毎月私にロイヤリティーを払わなければいけないために、売り上げを低く見せたり、本来払わなければいけない家賃を滞納していたりと裏で不正をしていました。

結果的に２００万円が会社から消える事態となり、２００万円と一緒に店長も消えていきました。今考えると原因は私にもありました。条件の厳しい追い込んだ内容の契約書だったために、店長も売り上げの減少があっても私に相談することもできず、内心ではかなり苦しんだと想像できます。

もし、私がその時にもっと逃げ道を作ってあげていたとしたら、あのようなトラブルには発展しなかったのではないかと今になれば思います。その様な経験から多くを学び、その後は改善していったのですが、逃げ道を無くしてしまうと、「窮鼠猫を噛む」のことわざのように、変な逆襲に合うことがあります。

他にも私のクレバーな友人コンサルタントの例ですが、彼はあるクライアントとサポート契約をしていました。彼も自分が損をしないような、かなり追い込んだ契約を交わしていました。私もその契約書を見せてもらいましたが、かなり厳しい条件でのビジネスリレーションシップだと当時感じたのを覚えています。

そんなある日、彼と久しぶりに食事をした時の話です。例のクライアントの話を何気なく聞いたところ、あまり浮かない顔をしていたのでどうしたのかとやんわりと理由を尋ねると、クライアントが自分の会社の取引先と手を組んで不正を働いていたというのです。第三者の密告で事態を把握したそうですが、時すでに遅しで、彼の会社は間接的に被害を被ることになったのです。

実はこの話も、相手の退路を断った追い込んだ彼の戦略から生まれた事件でした。相手の退路を断って理詰めで相手を追い込むのは、一件クレバーな良い方法に見えるケースもありますが、相手も心のある人間ですから、あまりに逃げ道を無くして追い込まれると防衛本能から悪いことを考えてしまうのです。

この理論は、商品やサービスを売るクロージングの場面でも同じです。例えば、もし何かのサービスの契約をする時でも、後で契約が解除できる仮契約と、契約してしまうと後で契約が解除できない本契約では、慎重になる度合いが違います。

また、言葉巧みに契約書を書いてもらっても、押しの強い売り込みで仕方なく契約書にサインしたような場合は、後でクーリングオフになる可能性が高いでしょう。だから大事なことは、しっかり逃げ道も作ってあげた上で、ご自身で納得してサインしてもらうことなのです。

通常の人間関係でも、話をしていてあまりにも理論的で、隙もないタイプの人に対峙すると、何やら恐怖心を抱いてしまい、怖くなって自然と後ずさりすることもあるでしょう。

私もたまに商品の営業をされることがありますが、あまりにも売る気満々な営業だと怖くなって、ろくに話も聞かず、頭の中は早く断ってしまおうと思うこともあります。この原因は、逃げ道を断たれて追い込まれている感覚があるからです。

恋愛関係でもそうでしょう。あまりに束縛されて自由を奪われると嫌気がさし、別れ話を切り出したくなるものです。結論を言うと、この追い込みスタイルは、百害あって一利なしなのです。どうぞ、あなたも気を付けてくださいね。

☆心磨き一言エッセンス

良好な人間関係は相手の逃げ道から作られる

相手の儲けを優先する

相手にビジネスコラボレーションやビジネス提携を申し込む時には、相手の儲けを優先すると上手くいきます。人は自分が儲かる話をなかなか断れないものです。ですから、私がコラボや提携を持ち掛ける時にも相手が儲かることを最優先してビジネスモデルを組み立てます。もちろん自分も利益を上げないといけないので、キャッシュポイントが被らないビジネスモデルを作ります。

さらに私の場合は、ビジネスモデルと共に、お客様もセットで持ち込むので相手に喜ばれます。相手は私と組むと集客という一番大変な部分がすでにクリアされているので、渡りに船ですんなり提携の話が進みます。このすべてのポイントは、相手の儲けを優先するという一言に尽きます。

私の現在のビジネスは、ヘアサロン、日焼けサロン、歯のホワイトニングサロン、脱毛サロン、アパート賃貸、不動産賃貸などのリアルビジネスと、コンサルタントやプロデューサー、ビジネス書作家などのエキスパートビジネスですが、リアルビジネス以外は、すべてコラボスタイルで進めています。出版プロデュース、ブランディングプロデュース、それ以外のプロデュースなども、基本的に提携先と一緒にやっています。

先にも述べましたが、私はお客様と共にコラボ案件を持ち込み、統括プロデューサーの立ち位置で指揮を取ります。例えば、出版プロデュースなども、企画書作成担当、営業担当、私の役割であるメインプロモート業務などすべて分業です。ブランディングプロデュースやメディアプロモーションも、私がビジネス提携している業者と、強みミックスのスタイルでやっているのです。

でも、何故このようなプロフェッショナル軍団と提携できるのかというと、すべては相手が儲かるビジネスモデルとして提案しているからなのです。逆に言いますと、相手に利益をもたらせない提携話はすぐに消滅してしまいます。

さて、私のところにご相談に来る人の中で、たまに、コラボや提携の話をジャッジメントして欲しいという話もあります。この様なご相談の内容を見て驚くことがあります。それは、言葉巧みに、その人のスキルをただで使おうとしたり、美味しいことだけ話して、ボランティアで仕事をさせようとする輩も多いのです。

実は、お恥ずかしながら私自身もそのような提携話に引っかかり、無料でボランティアをしたことも何度かありました。目の前に美味しそうな果実を見せられて、それに釣られて仕事をしたけれども、一銭にもならなかったというパターンでした。


さて、私の知り合いで特別のスキルを持っている女性がいました。彼女に来た提携話を見た時には、本当に驚きました。基本的にボランティアで、しかも報酬はないにも関わらず、その会社の名刺まで持つように言われたそうです。さらにその会社は立ち上げたばかりで皆で作っていこうというスタンスだというのです。もし、ステークホルダーとしてのうまみがあるのならまだ話はわかるのですが、報酬はなく、たまに発行する社内誌に掲載してあげると言われたそうです。

ただし、無料のボランティア話がすべて悪い訳でもありません。中にはボランティアだけでもブランディング的に美味しい話もあります。それは、相手側にすでにブランドがあり、そこに関わらしてもらうだけで、自分のブランドとしての商品価値が上がる場合です。

この場合は無下に断ることはせず、得だと思えば引き受けてもよいでしょう。ベストセラー作家のスタッフやセミナーの受け付けなどはこれにあたる場合もあります。そこで気を付けたいのは、美味しそうな餌を見せられて、割に合わない仕事をやらされるケースです。人が良くて断るのは苦手な人で、良いスキルを持っている人は要注意です。

さて、話をまとめますと、まず、コラボレーションや提携話を相手に持ち掛ける時には、相手が儲かるプランで持ち掛けることです。できれば、お客様も自分から連れて行くつもりだと尚、喜ばれるでしょう。この提案を断る人はまずいません。自分が儲かる美味しい話は誰もが好きですから。もちろん私も例外ではありません。

次に自分がコラボレーションや提案を受ける時の注意点は、まず、しっかり仕事に対する金額提案がなされているかどうかを最初に確認することです。さらにその金額が、仕事の量や質とバランスが取れているかどうかをしっかりチェックすることも大事です。

また、もしボランティア的な仕事だったとしても、その後に自分にメリットがあるかどうかをしっかり見極めて引き受けるかどうか決めることも大事です。ブランディング的に価値があれば、引き受けてもよいケースというのもあるので、無下には断らないほうがよいケースもあるので注意が必要です。

それでは、相手を喜ばせる素敵な提案をして、自分のビジネスがステージアップする人間関係をしっかり作っていきましょう

☆心磨き一言エッセンス

相手が絶対に断れない美味しい提案を用意する

第3章

「お金」のレッスン

〜〜お金は敵にも味方にもなる〜〜

お金は成長列車の切符

お金は何にでも変わる魔法のチケット（切符）です。このチケットの使い方次第で人生は大きく変わります。私はこのチケットを使って人生を大きく変化させてきました。

例えば、お金チケットで、ヘアサロンを作ってみたり、ショットＢＡＲを買収してＢＡＲ経営を楽しんでみたり、日焼けサロンを作ってみたりしました。他にも、出版するノウハウを購入して、ビジネス書作家にもなりました。

この様にお金という「切符」は行きたいところは何処にでも連れて行ってくれる魔法のチケットです。でも残念ながら多くの女性はこの使い方を知りません。もし知っていたとしても本当に下手な使い方をしています。

よくある間違った使い方としては、行先も決めないままに、人込みができているからといって興味本位で、人が乗ろうとしている電車の切符を買い、目的地が曖昧なまま乗ることです。この方法では、もし目的地に着いたとしても、本来自分が行きたい所ではないので、しばらくするとまた違う場所に行きたくなります。つまり時間とお金の無駄遣いでありエネルギーの無意味な放出です。ビジネスに例えると、自分がどんな風になりたいのかを明確に決めないまま、流行っていそうだからとか、人がやっているからという理由でセミナーや塾に参加することです。この行動をどんなに繰り返しても理想の自分にはならないのです。

さて、お金という切符は、自分が行きたいところを明確に決めさえすれば、どんなところでも連れて行ってくれます。

ある時、一人の女性が私のところに現れました。この女性は、人から私の噂を聞いて私のところに辿り着きました。お話しを伺っていると、ビジネスではすでに成功していて、数店舗のサロンを経営していました。でも、この彼女は他にも違う夢を持っていたのです。

その夢は、本を出版して全国区になり、セミナーを開催したり、コンサルティングをしたり、テレビに出ることでした。その様な要望のある彼女に私は次のように言いました。

「あなたが行きたい目的地行きの切符を私は持っていますよ。でもこの切符はもちろん無料ではありません。あなたをその場所に連れて行くにはたくさんの人のサポートが必要です。

彼らが長い人生を賭けて培ってきた目的地行きの方法を、購入しなければなりません。その窓口と統括プロデューサーが私なのです。」と。

さらに、こう続けました。

「実は私自身も自分が行きたい場所が決まった数年前に、色々調べて目的地行きの切符があることを知りました。自分が行きたい成功という駅へ行ける切符です。もちろん、自力でその場所に行くことも可能かもしれませんが、海外の知らない遠い島に行くのに、船をチャーターせず、泳いでいく様なもので、危険を伴いますし、さらに、辿り着く保証はありません。確率的には、辿り着かない方が断然高いのです。」

実は多くの成功できない人は、成功行きの切符を買わずに、自力で泳いで海を渡ろうとします。時折ニュースで見かけますが、密入国するために、ゴムボートで海を渡ろうとして、そのまま行方知らずになってしまう人の様なものです。もちろん彼には事情があるので、簡単にはジャッジできませんが、お金とは生きているうちに自分が夢や目標を達成するために使って、初めて意味があります。私も若い頃は自分の若さは永遠だと思っていて、自分が年を取るなどとは、夢にも思っていませんでした。

さらに年を重ねていくと、人生には終わりがあり、命というのは永遠ではないと気付かされました。そんな中、気付いたことは、お金という万能チケットで目的地に最短で行き、そこで人生を楽しみながら謳歌する方が賢い選択だと気付きました。

何故、私はこのことに気付いたのかというと、私が行きたい成功という目的地にすでに到着している人に、その方法を聞いたからなのです。彼らは皆、お金を上手く働かせています。

つまり、自分が行きたい目的地を見つけると、その目的地に行くためのノウハウを所有している人に、目的地行きの列車の場所と、切符を売ってもらっていたのです。

私はすぐに自分が行きたい場所を明確に話して、そこに導いてくれる人の場所を聞こうとしました。すると彼は言いました。「あなたと同じ目的地に行きたい人が私の周りにはたくさんいます。その人達は皆私のコミュニティに入っています。そこで皆さんに情報を流しています。だからあなたもそこに入ってください」と。

私は無駄な努力をして時間を浪費するより、最短で目的地に行く情報が欲しかったので、そのコミュニティに入りました。今、私は自分が思い描いた目的地にいますが、また、新たな目的地が見えてきました。今まさに、次の目的地行きの切符を購入したところです。

もしあなたが 行きたい目的地があるのなら、自力で行くという茨の道を選ぶ必要はありません。目的地行きの列車の切符を購入して最短で行く方法を選んでください。人生の無駄な時間を回避できます。

☆心磨き一言エッセンス

お金で目的地行きの切符を買う

マイナスのお金は時限爆弾

お金には二つの種類があります。きれいな波動の幸運を呼ぶお金と、マイナスの時限爆弾を仕掛けられたお金です。そのどちらを手にするかで人生が大きく変わってしまいます。

ある男性の話をします。この男性は、私が経営するヘアサロンのお客様でしたが、常連客ではなく、たまに閉店間際に来て、どうしてもカットしてくれと我儘を言う横柄なお客様でした。私もあまり好きなお客様ではなかったのですが、お客様に変わりはないので、対応はしっかりさせて頂いておりました。実は私がこのお客様を苦手な理由は、閉店時間間際にご来店して我儘を言うだけではなく、様々な噂話を多くの人から聞いていたからです。

この方の仕事は、土地を売ったり、外国の高級車を売ったりというビジネスでした。

彼はすごく羽振りがよくお金も当時は持っていました。もちろんビジネスが上手くいっているから、たくさんのお金を持っていたのですが、私の耳に入る噂話によると、多くの人が彼に騙されて土地を買わされたり、言葉巧みに法外な価格で高級車を買わされたりしていました。現在の様にインターネットが普及していなかった時代の話なので、彼からモノを購入するお客様も情報を入手する手段がなく、売り手である彼の話を信用する以外になかったのです。その様な手法を繰り返し、彼は巨額の富を手にしていましたが、彼が手にしたお金には、騙されてお金を払った人のマイナスのエネルギーが宿っていました。このお金は、時限爆弾の様に、そのお金を持っている人の元で、刻々と爆発する時間を刻んでいたのです。

そんなある日、風の噂で彼のビジネスが徐々に傾いてきていることを聞きました。

理由は、彼の商売に対する姿勢が徐々に世間で噂になってお客様が離れていったことが原因でした。その後、さらに悲しい情報が耳に入ってきました。彼は、家族を残して自ら命を断ってしまったのです。遂に時限爆弾が爆発してしまったのです。

この様な話は本来するべきではないのですが、実際の時限爆弾が爆破した例として、敢えて、実話を少し加工して書かせて頂きました。

私が言いたかったのは、人を騙したり、人を悲しませて手にしたお金には、マイナスのエネルギーが宿っていて、いずれそのお金を手にした人のところで爆発するということを伝えたかったのです。

他にもこのような話はたくさんあります。現在も毎日様々なニュースが流れていますが、よくある話では詐欺を働いた主催者や、オレオレ詐欺で年配の方の大事なお金を搾取する人などが、逮捕されたという話題も多く含まれています。

これとは逆に幸せを呼ぶお金というのは、人を喜ばせたり、人の人生を良い方向に導いていくというプラスのエネルギーがあります。このお金の特徴はお金を使った人が、喜んで人に話すために、次から次へと人が寄ってきて、さらにお金が貯まっていくことです。

またお金自体にも良い波動が乗り移っているために、そのお金を持っている人の気も良くなり、人生も好転していきます。

この様に人を悲しませて得たお金か、人を喜ばせて得たお金かによって、その後の人生は大きく変わってしまうのです。

ここで補足すると、結果とは、ノウハウ×マインドです。もしあなたが、どんなに素晴らしいノウハウを人に提供しても、それを手にした人の行動力や行動の質によって、結果は左右されてしまいます。だから、相手が良い結果を得られれば波動が良いお金になり、相手が悪い結果しか出せなかったから波動が悪いお金、という意味ではありません。

明らかに最初から、提供するノウハウや商品、サービスが偽物であったり、フェイクであったりした場合に、マイナスのエネルギーとして時限爆弾が作動するということです。

一例を挙げますと、どんなに素晴らしいダイエット商品を提供しても、痩せられる人と痩せられない人がいるのは、商品を購入した人の行動に依存されてしまうので、この場合はマイナスのエネルギーを持たないのです。

さて、あなたがビジネスで長く成功し、夢を叶えて幸せになるためには、まずは、お金の稼ぎ方に十分注意する必要があります。ポイントは、人を喜ばせて得たお金か、人を悲しませて得たお金かということです。

一つのチェックポイントとしては、あなたの商品やサービスを大事な友人でも提供する自信があるか、あるいは、大切な親戚でも提供する自信があるかという目線も一つの判断基準になるでしょう。それでは、プラスのお金を手にして、人生をバラ色にして生きましょう。

☆心磨き一言エッセンス

人を喜ばせてお金を頂こう

お金は掴んだらすぐ離す

お金というのは誰しもが貯めたいと思っています。だからつい使わないようにと貯金をしたくなります。もちろん貯金をすることは大事です。

でも、現在は本当に低金利の時代です。どんなに銀行にお金を預けていても全くお金は増えませんし、逆にお金を10年預けていれば、10年後にはその預けた金額より価値が下がってしまいます。理由は、お金というのは時間の経過と共に価値が下がるからです。例えば昭和初期の１００万円と現在の１００万円では買えるものの数や質が変わります。だから銀行にお金を預けていて時間が経過すれば、その価値はどんどん下がっていくのです。

さて皆さんに質問です。お金を貯めようと貯金をするサラリーマンと、入ってきたお金を投資に回す起業家では、どちらがお金が貯まるでしょうか？

答えは、起業家です。

デキル起業家は、入ってきたお金の何割かを必ず自己投資に回しています。また、成長し続ける会社は、利益の何割かは研究開発費に回したり、設備投資に回していきます。

この様にお金というのは、入ってきたら、その何割かを次のお金を生む出すための、「お金が成る木の種」を買う必要があるのです。この種が大きく育ち実がなれば、それはお金に変わるのです。

私は24歳で最初のヘアサロンを出店しましたが、稼いだお金のすべてを貯金に回すのではなく、その何割かをすぐに投資に回していました。投資と言っても株などの投資ではなく、リアルなお店の買収などの投資です。私の場合は、結果を自分でコントロールできない世界には手を出さない主義です。例えば、株式投資であったり、FXや仮想通貨、為替や先物取引などがそれに当たります。

もちろんその分野の勉強を3年ぐらい徹底的に取り組めば、勝てるかもしれないですが、素人がにわか勉強で勝てるほど甘くない世界だと思っています。ですから、私は自分で勝ち負けをコントロールできる分野にしか参入しません。

私が最初に買収したのはショットＢＡＲでした。このお店は私自身がお客として通っていたお店で、お店の雰囲気もすごく好きで、いずれこのようなお店のオーナーになりたいなと思っていたお店でした。ある時に、私がこのお店のカウンターでお酒を飲んでいたら、他のお客様が引けたタイミングでオーナーが私に買収話を持ち掛けてきました。

最初はすごく驚いて聞いていましたが、頭の片隅に、もしかしたら私でも経営できるかもしれないという思いが湧き出てきて、後日買収の話を受け入れたのです。

そのお店は、私が購入する前から人気店だったのですが、私が経営するようになってさらに人気が出て地域一番のショットＢＡＲになりました。当然購入に要した金額はすぐに回収して「お金の成る木」へと育っていってくれました。

その後も、稼いだお金の何割かは、すぐに次のお金の成る木の種を購入するために使っていました。つまりお金というのは、お金でしかお金は生み出すことができないのです。

誤解を招くといけないので、詳しく言いますと、お金は自分の体を使って稼ぐことはできますが、１日24時間の中で働ける時間は決まっています。その時間だけをお金を生み出す時間だと考えていたら、稼げる金額の上限は決まってしまいます。

でも、お金の成る木を育てる発想を持てば、お金は無限ループの様にどんどんと増えていきます。私の場合は、ヘアサロン、ショットBAR、日焼けサロン、美容室と、お金の何割かを投資して次々とお金を生み出してきました。

コンサルティング業界に参入してからも、稼いでは自己投資、稼いでは自己投資を繰り返しで、どんどんお金の成る木を購入し、ビジネスを伸ばしてきました。私の周りの稼いでいる羽振りの良い人は、皆さんお金を抱え込みません。もちろん貯金もしますが必ず何割かはすぐに手放し自己投資のお金として使っています。その結果、常に新しい何かも見つける目が肥えて、お金の匂いに敏感になります。これは稼げる秘訣なのです。

逆に消えていく人達は、お金を抱え込み自己投資もせず、今のビジネスが永遠だと勘違いして、やがて、今育っているお金の成る木が枯れた時に、慌てて自己投資に目覚めるのですが、時すでに遅しで、ビジネスが枯れて撤退を余儀なくされて消えていきました
また、お金の専門家に言わせると、お金は独占欲の強い人を嫌うそうです。だから

入ってきたお金を自分の懐に貯め込んで、逃がさないようにと考えている人のところには、やって来なくなるようです。もちろん科学的根拠はありませんが、専門家がいう統計学でそのような結果が出ているのです。

さて結論を言いますと、お金を稼いだらもちろん貯金をすることも大事ですが、そのすべてを抱え込むことを止めて、何割かは自己投資に回すようにしましょう。自己投資は、言い方を変えれば、「お金の成る木を買う」という意味です。

ナスやトマトを作るにも、種や苗を購入して育てて収穫するように、お金もお金の成る木の種を購入して育てていけばいいのです。

どうぞ、あなたも稼いだお金の何割かは、次のお金を生み出す種銭にしてください。

☆心磨き一言エッセンス

お金は抱え込もうとすると逆に入らなくなる

お金でプロの人生を買う

以前のページ（70ページ）で、お金でプロフェッショナルのスキルを買うという話をしましたが、スキルやノウハウももちろんそうですが、人生そのものも購入することができます。人生そのものなどと言うと、語弊があるかもしれませんが、あながち嘘ではありません。

私は自分のステージアップに必要だと感じた時には、ある程度高額のお金を払ってもその方のサービスや商品を購入します。私が一番最初に購入した高額商品は、20年前ぐらいに当時CD13枚と数冊のテキストで50万円という代物でした。当時の私にしてみたら、かなりの高額な商品だったのですが、その商品を購入したお陰で本を出版することもできましたし、その方が開発したすべてのスキルを使うことができました。この投資は私にとって非常に大きなものでした。その人も本をたくさん出版していて、そこから多くの学びを得ましたが、本だけでは伝えきれない多くのノウハウがその教材には詰まっていました。その教材に、本の出版のノウハウや本の書き方なども含まれていました。

さらに、決定的だったのは、本は誰でも出せると書いてあったことです。私は良くも悪くもその言葉を信用して、実際に本を書き出してしまったのです。

結果から先に言うと、私がその言葉を信じて本を書き出してから、半年後には私の本が新宿紀伊國屋本店に並ぶことになったのです。このように素晴らしいノウハウやテクニックを、お金を払って買うことができます。

他にも、私はこの教材からマーケティングスキルとライティングスキルを手に入れることができました。このスキルは、教材提供者が人生の長い時間をかけて取得したものです。ノウハウの出どころは、海外発信の当時最新のスキルだったので、その方が海外に行って多額のお金を払って購入したスキルと、その時間も同時に購入したことになります。

言い方を変えれば、お金でその人の人生そのものを手に入れたことになるのです。

この様にお金というのは、人の人生そのものを購入することもできるツールなのです。

またこの思考法には別の美味しい側面もあります。それは生涯に繋がる大事な人のご縁を得ることができることです。先に言いました、私が購入した50万円のCDセットを購入する人は、ある意味ではお金にも余裕があり、向上心の高い人だと考えることができます。

ある日、CDを購入して数日後、ある一通のメールが来ました。

それはCD購入者のフォローアップセミナーを教材販売者が開催するという内容でした。

私も教材開発者にリアルで会ってみたいという欲求と、どのような人が集まるのかという興味もあり参加しました。そこに集まっていた人達は、ある種のエネルギーを持った人達の集団でした。実はこの集団の中にその後の私の人生を変えることになる人が数人いたのです。

まずは、会場の熱気に圧倒されて、ほとんど誰ともお話ししていなかった私に声をかけてきてくれたAさんがいました。この方は、研修などをされていてすでにセミナーやコンサルティングを開催している人でした。

Aさんと出会ってからしばらくして私が本を出版した後に、Aさんは

「私の会社で主催するのでセミナーをやりませんか」

とオファーを出してくれたのです。

そのセミナーは、実は私にとっては初めてのセミナーだったのですが、それを言ってしまうとこの機会がなくなってしまうと思い、敢えて聞かれなかったので、さも経験があるような口ぶりで引き受けました。

実は、この時が私の講師デビューでしたが勇気を持って引き受けたことで、後にこの時のDVDが私の会社に大きな利益をもたらしてくれたのです。

他にも人生を変える出会いがありました。それは、初の合宿セミナーを開催した時に共催としてサポートしてくれたお二人でした。この方たちはすでにセミナーの経験があって、メルマガ読者も数万人いたこともあり、何も告知媒体を所有していなかった私でも、参加費5万円の高額合宿に50人ほど集客することができました。

この合宿の成功こそが、私にとって後の大きなブランドになったことは間違いありません。このお二人とは現在でも交流があり、特にお一人の方には大変お世話になり、現在でも一緒にコラボビジネスをやっているほどです。

この様に他人のスキルやサービスを購入すると、その方の人生の大事な時間を使って培ってきたスキルと、その人の魅力に引き寄せられて集まってきた素晴らしい人脈も同時に手に入れることができます。また商品金額が大きければ大きいほど、レベルの高い人たちが集まっている特徴もあります。

もしあなたが今の状況からブレイクスルーしたいと考えているのであれば、他人の人生の価値が詰まった高額商品を購入することも一つの手段として大事な戦略です。ビビッと感じたものには勇気を出して一歩踏み出してみてください。

☆心磨き一言エッセンス

お金を使えば、人のスキルと人生が丸ごと手に入る

お金という戦士を働かせる

お金にはいくつもの使い道があります。正確には使い方という方が正しかもしれません。

基本、お金には、三種類の使い方があります。

1　消費、2浪費、3投資、の3種類です。

まず1番の消費とは、生きる上で必要なお金です。食事をしたりライフラインに必要な経費だったりもするでしょう。

次に2番の浪費は、使わなくてもよいお金、つまり何も生み出さないお金の使い方です。

でもちょっとややこしいのは、一見浪費に見えるものでも、実はその行動によってリラックスを得られたり、モチベーションが上がったりするのは、投資とも言えます。

温泉に行ったり趣味にお金を使うのもその類です。

さて、大事なのは3番の投資です。投資にもいくつものタイプがありまして、お金を使って人の労働力を買うのも投資、不動産に投資してお金を稼ぐのも投資、自己成長にお金を使うのも投資です。それでは、一つひとつ説明していきます。

私は様々なビジネスを展開していますが、基本的な考え方は、自分しかできないものは自分でやって、自分より他人がやった方がクオリティーが高いものは、基本的にお金を払って人にやってもらいます。もちろん人と言っても誰でもいい訳ではなく、プロ中のプロに依頼します。セレクトの基準は、私がお客様でも満足できる人をセレクトします。

この思考法は結果的に商品やサービスのクオリティーが上がるので、たくさんのお客様に支持されることになり、ちょっと高額のフィーを払っても結果的にはプラスになるのでお勧めです。

ここで大事なポイントは、安いというだけで人選しないことです。価格だけで選んでしまうと意識の低い人を掴んでしまうので、結果、お客様に支持されないので、利益にはなりません。また、このスタイルは、アイディアさえあれば、無限ループの様にビジネスを作りあげることができる利点があります。自分が担当する部分は、企画の部分と自分しかできない部分、さらには、それを購入したい人を見つけるという部分になります。

実はここで面白い現象が起きます。というのは、物事は一つのことでは完結せず、いくつものものが、混ざり合ってできていることが多いのです。わかりやすく私の仕事の事例で話しますと、ブランディングプロデュースという仕事には、コンセプト作りも入りますが、ワードプレスでホームページを作ったり、ブランド名刺を作ったり、ファンクラブであるオンライン塾を作ったりする必要があります。このそれぞれは単品ですが、同じカテゴリーで繋がっていてすべて必要です。その先にいくと、出版プロデュースもブランドを完璧にするためには必要なのですが、出版後の戦略として、販促プロモーションやメディアプロモーションも入って来るでしょう。

それ以外にも出版してセミナーや講演をするようになれば、声の出し方のレッスンまで視野に入って来ることもあります。この様に一つのことの回りにはいくつもの仕事が繋がっているのです。このすべてを自分の商品として扱うこともできるのです。

言い方を変えれば、自分の得意分野の総合商社のようなものです。

次にお金を働かせてお金を作る戦略として投資があります。こちらは専門分野ではないので簡単な説明に留めますが、もしあなたが1000万円の自己資金があるのなら、その中の100万円だけ使って安心できる自己資金の金額を残し、残り900万円は銀行から借り入れて、1000万円の物件を購入したとします。この物件の利回りを10%としたら、あなたはこの物件から年100万円の利益を上げます。わかりやすくするために利息だけで考えると、もし利息2%なら、その利息分を引いて82万円の利益になります。すると、自分で使った100万円の利回りは、82%になります。このスタイルでもし10個物件を所有すると、10年後には、8200万の利益を手にすることができます。（返済額除く）

実はこの考え方は『確実に増える不動産投資』（辰巳出版）曽我ゆみこさんの本に詳しく書いてあります。とてもわかりやすくて勉強になったのでご紹介させてください。さらに詳しく知りたい人は、どうぞ読んでみてください。

さて次は、最後の自己成長に使う投資です。この投資は皆さんご存知だと思うので、細かくは説明しませんが、自分のスキルアップであったり、最新ノウハウを手に入れるためのセミナーであったりします。また自分の成長を加速させるキーマンに出会うための、人脈交流会への参加だったりします。

ただここで気を付けておくべき点は、最初に自分の目的を明確に決めておくことです。この部分を疎かにすると、美味しそうなキャッチコピーに釣られて、自分の自己成長とは関係ない交流会に出向く羽目になり、無駄なお金と時間を捨てることになります。

例えば本を出したいと思っているなら、出版社の編集者が集まりそうなイベントに参加するとか、もし講師として活躍したいなら、講演の元受け業者がいそうな交流会に参加することも戦略としてはありです。

この様にお金を戦士として働かせる方法も3種類あり、このそれぞれが重要ですが、不動産を媒体にして働かせるには、それなりの勉強は必要だと思います。素人が浅知恵で参入して勝てるほど、甘い世界ではないと思っています。私自身もアパート賃貸をしたり、一軒家の一棟貸しをしていますが、完全に安全なスタイルで運営していいます。借入額も大きくなるので、この分野は慎重さが必要ですね。

それでは、お金をしっかり働かせて、ビジネスを倍々で伸ばしていってくださいね。

お金を働かせる術を手に入れると、あなたの仕事量が減ってもキャッシュが増え続けるという素晴らしい現実が待っています。

☆心磨き一言エッセンス

お金を上手く使えば労働が減っても実入りが増える

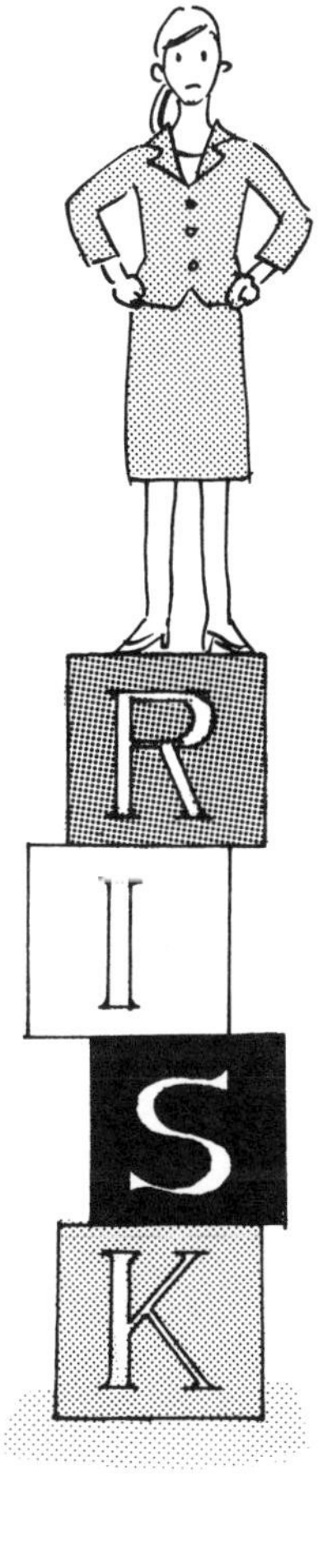

第**4**章

「問題解決」のレッスン

〜〜問題から逃げたら負け〜〜

問題の正体を突き止める

ビジネスにも人生にも問題は付き物です。生きているうちは問題から逃げることはできません。年齢や立場を問わず問題というのは必ず起こってきます。唯一問題の起こらない場所は、墓場でしょう。では、何故問題は起こるのでしょうか？

それは、いろんな考え方の人がいて摩擦が起こるからです。例えば、皆さん経験あると思いますが、小さな小学校のクラスでさえ、違う意見がありホームルームを開いて意見交換をしなければ解決できません。

でも実は、その様なケースでも本当に問題は解決していないのです。問題解決の本質は、違う意見の少数者が我慢した結果、問題が解決している様に見えているだけなのです。

さて、このように違う意見がぶつかり合う人と人の問題もあれば、何か良くない事態が起こって、それに対処しなければいけない問題解決もあります。

簡単な例で言うと、売り上げが落ちてこのままでは経営が危なくなるというのも、問題の一つです。あるいは、お客様がいるのだけれど、働くスタッフが辞めてしまい、お店を閉店せざるを得ないというもの問題でしょう。この様に、ビジネスでも人生でも、何かがそこにある限り、問題は起こり続けるのです。

さて、問題の解決法には2種類あります。一つは、小手先の表面的な問題解決、つまり、その場しのぎの問題解決法です。もう一つは、問題のボトルネック、つまり根本的な原因を見つけ出し、それを改善して、その問題が二度と起こらなくするアプローチです。

では、世の中では、どちらの問題解決法が多く用いられているのでしょう？ 答えは、圧倒的に小手先の問解決法です。理由は簡単にできる上にそこまで覚悟はいらないからです。

例えば、喫煙者で咳が出て呼吸が苦しい場合、表面的な問題解決法は、タバコを控えることです。これに対して抜本的な根本的解決法は、タバコを止めることです。でもタバコを止めるということは、かなり痛みを伴います。しばらくの間、ニコチン依存症と戦わなくてはなりません。さらに、口さみしさからたくさん食べてしまい、太ってしまうこともあるでしょう。実際に女性でタバコを止めたら太ったので、また始めたという話も聞いたことがあります。

他にもあります。私の趣味であるゴルフのスコアをあげようと思ったら、表面的な解決策は、アプローチとパターの腕を磨くことに対して、根本的な解決策はスイング改造です。

ゴルフをやったことがある人ならわかると思いますが、スイング改造するとしばらくの間、ゴルフがぐちゃぐちゃになり、まったくゴルフにならなくなります。プロゴルファーでさえ、スイング改造するとしばらく低迷するほどです。人によってはそのまま消えていってしまうほど大変なことなのです。

では、どちらの解決策がよいのかというと、ケースバイケースという言い方が正しいと思います。表面的な解決策でも、本質的にそれほど問題が大きくならなければ、その方法でもよいでしょう。でも根本的な解決をしなければ大きな問題につながる場合は、根本的な解決策が必要です。

さて、その時のポイントをお教えします。

まず、問題の本質になっている原因を見つけたら、それに対する恐怖心を取り去ることです。例えば、先の女性の禁煙の例で挙げれば、タバコを止めると口さみしくなって食べてしまう、その結果太ってしまう。つまり太るということに対する恐怖心を取り去る必要があります。

ここで対策ですが、まずもし太ってしまったら、しばらくそれを受け入れるか、ストレスで食べてしまって体重が増加しても、それに対する解決策を最初から考えておけばよいのです。例えば、禁煙スタートと同時にウォーキングを始めるとか、脂肪燃焼のサプリメントを購入するとか、ジムに通うとかの対策を最初に立てて、太ることへの不安を無くしてしまえばよいのです。もし、ゴルフで抜本的なスイング改造をする場合は、しばらくゴルフにならなくて、誰かとゴルフに行くことが恥ずかしいと感じるなら、最初からスイング改造するから、しばらくゴルフにならないと言ってしまうとか、迷惑をかけるかもしれないことを事前に謝っておくか、ヘタでも恥ずかしくない友達限定でゴルフをするとか、対策を立てて、スイング改造によって、ぐちゃぐちゃになるゴルフの対策を立てておけばよいのです。

一番よくないのは、恐怖心があるからと言って、抜本的改革の必要がある案件なのに、表面的な改革だけやって、その問題に一生悩まされることです。その場合は、先に勧めた抜本的解決策を取るべきです。心の恐れは実際にその問題が起こった時の解決策を考えておけば問題なくなります。

私はタバコを止めて20年以上経ちますが、その時に抜本的な改革をしていなければ、今でも、タバコに対する悩みを抱えていたことでしょう。あなたは、重要なことなのに、問題解決を先延ばしていたり、表面的解決で済ましている案件はありませんか？もしあれば、今すぐ根本的解決策を実行してください。

☆心磨き一言エッセンス

問題の本質から逃げずに、正面から対峙する

ネガティブなことを想像する

失敗する人の多くの原因は、脇が甘いことです。脇が甘いというのは、言い換えれば想定外が多すぎるということです。つまり、何かをやろうとした時に、起こり得る良いことばかりを考えて悪いネガティブなことに蓋をしていることが原因です。

物には、必ず良い部分と悪い部分があります。例えば、原発は電気を作り出すためには、人類史上最高の発見でもありますが、マイナスの部分は、自然災害と同時に来れば、先の東日本大震災のような悲劇を生み出す側面もあります。

あのケースは、原発の不具合と言うより、自然災害の猛威も加わってしまったので一概に原発だけの問題とは言えませんが、言ってしまえば想定外ということで対応策を考えていなかったことが原因です。ビジネスで失敗しないためには、この想定外を潰していかないといけません。そのためには、起こり得ることならば、想像することが嫌な感じがするネガティブなことも想像しないといけないのです。

私が経営する日焼けサロンで実際に起こったことですが、夏の一番忙しい時期に全部の業務を任せていた店長がメール1本で辞めてしまったことがありました。この時期に店長が辞めてお店にスタッフがいなくなることは、本当に厳しい状況なのですが、私は、このケースも実は想定していました。

理由は、親切心から店長もそこそこ年齢が高いので、なるべくたくさんの給料を払ってやろうと思い、他にバイト希望者がいたにも関わらず採用せず少数精鋭にして、店長のシフトを多く入れていたのです。

ですから、もし何かがあって店長がお店に来られなくなったり、辞めてしまったら、営業ができなくなってしまうことが考えられました。でも私は最初からそれを想定内にしました。理由は面接時の彼の履歴書にその可能性を見たからです。

ここで話は少しそれますが、履歴書というのはほとんどの場合、嘘をつきません。というのは、一番顕著に出るのは、一つの仕事を継続する期間です。1年おきに仕事を変える人は、入社後も1年後に仕事を辞める可能性があります。3年おきに仕事を変える癖がある人は、3年おきのケースが多いのです。もし、あなたが採用担当の面接をするなら、このことは頭に入れておいてくださいね。

この店長の場合も、履歴書の職歴欄に、約3年で前職を辞めて転職を繰り返しているることが書かれていたため、これではうちに来ても3年程度で辞める可能性があるだろうと見越していたのです。ただ、彼は年齢が高かったので店長として下の者を統括して、責任もって業務を遂行してくれることも期待していました。しかし、シフトを多く入れたり、少数精鋭にしたことは逆効果だったようです。

また、他にも原因があることが後からわかりました。彼はアイドルが好きで、推しているメンバーのグッズを持っていたところ、お酒の席で若いスタッフからそのことをからかわれたことでトラブルになったということがあり、それが辞める引き金になったようでした。

さて、話を戻しますと、私は店長が突然来なくなるリスクはあると、最初から想定していたので、敢えてネガティブなオプションも用意していたのです。それは店長が辞めた場合は、オーナーの私が代わりに業務をこなすことです。もちろん本心はやりたくなかったのですが、オプションには入れていたので、すんなり業務を引き継ぐことができました。

でも、ピンチはチャンスとはよく言ったもので、私が朝の8時からのヘアサロン業務から始め、その後、夜の8時から日焼けサロンの仕事を11時までして、さらに、その後はショットBARに行くようなシフトを3カ月ほど続けていた時に、あまりにハードな仕事内容を見て心配した姉が、ある1冊の本を私に持ってきてくれたのです。

それが前述したCD13枚で50万円の教材を売っていた人の本だったのです。結局その本と出合ったお陰で私は本を出版し、新たな世界に輝きを作り出すことができたのです。

他にもネガティブを想像して救われたこともあります。

それは10年間経営したショットBARを止める決断をした時です。BAR自体の経営は問題なかったのですが、店長が辞めることになって、新たな店長を探さないといけない状態になったのです。

この時も一番起こって欲しくないことは、店長が見つからず毎月15万円の家賃だけを垂れ流すことで、この家賃もヘアサロンや日焼けサロンから持ち出さなければいけません。でもそれは経営的には良くないことです。そこで一番良くないことを想像しました。それは、店長が見つからず家賃だけ垂れ流し、大家さんに預けている保証金の金額を超えてしまう状況です。もしこの状況に陥ったらお店を止めると決めました。

さらに、その当時飲酒運転が厳しくなって、一杯500円~700円ほどのカクテルを、代行を使って飲みに来ることは、地方の車社会ではなくなっていくだろうと予測を立てました。

そこで3カ月経っても店長が見つからなければ、お店を止める決断を最初からしていたのです。その結果、多くの被害も出さずにすんなり撤退ができました。これも想定外をなくして考えていたからです。

以前私がこのようなビジネスの話をセミナーでしたところ、ある一人の参加者が手を挙げて質問してきました。「何故、後藤先生はネガティブなことにフォーカスするのですか？　それは心理学の観点からしたら間違っています。」と。

そこで私は次のようにやんわり答えました。

「あなたがやっている心理学の世界でそれは楽しいのかもしれませんね。でも私がやっているガチンコビジネスの世界では、それでは失格です。その様な考えで会社を潰せば、社員が途方に暮れてしまいます。だから絶対に失敗しない戦略を立てないといけないのです。」と。

さらに「そのような脇の甘さで経営したら、私の周りの先輩経営者は、皆笑うことでしょう。」と。

さて、あなたは、良いことばかりでなく、悪いことも想像していますか？　悪いことを想像してその対処法を考えることは、ビジネスでは最重要課題です。ビジネスは心理学ではないので、しっかり対処できる態勢を作っておきましょう。

これからはリスクマネジメントがしっかりできているビジネスだけが、生き残ることができるのです。

☆心磨き一言エッセンス

ネガティブ思考で問題解決

すべての想定外を潰す

私が何かを始める時にいつもやることがあります。それは、起こり得るすべての出来事に対処できる態勢を作ることです。それは絶対に失敗しないビジネスを作ることにも繋がります。

手前味噌ですが、私は24歳から起業して、明らかにこれは失敗したなという経験をしていません。もちろん想像より上手くいかなかったことはありますが、誰が見ても失敗だったと後ろ指をさされるような失敗はしていないのです。その理由は、失敗しない態勢を最初から作って、一か八かの大きな成功よりも、最低でも失敗しないやり方を選ぶスタイルだからです。具体的には上手くいかなかった時のあらゆるケースを最初にピックアップして、その対処法をすべて考えてからスタートするのです。

ショットBARを買収した時にもそのスタイルでした。まず最初に、ショットBARを買収しての最悪のケースをピックアップしました。最悪のケースとは、買収したけれどもまったく売り上げが上がらず手放してしまうことです。

そこでそれでも困らない態勢を作りました。具体的には、買収金額と全く同じだけのお金が突然会社から消えても困らないかどうかをチェックしました。その結果、この状況が起きても会社は大丈夫と判断できました。このアプローチで最悪のことが起きても問題ないと腹を決めることができました。


次にピックアップしたのは、人材の質の問題です。具体的には、私のメインの仕事は昼間のヘアサロンの仕事だったので、水商売への参入は初めてでしたが、私の当初のイメージでは、水商売の世界は、昼間の世界の人材より、ある意味、油断できない人材は多くいるのではないかという推測でした。

さらに、ヘアサロンの水商売経営者のお客様から、水商売はなかなかクセ者がいたり、お金をごまかす人がいるケースもあると聞いていました。だから基本的にはあまり信用できないと言っていたのを聞いていたからです。もちろんすべてではないでしょうが、転ばぬ先の杖で、最初にそのような腹を決めていた方が失敗がないと読んだのです。

さて、実際に買収してお店の外装などハードの部分の準備ができたら、店長を含めたスタッフのオペレーションや様々なシステム、ルールを決めなければいけません。

そこで私が取った方法は、私の仕事は昼間の仕事がメインであるため、夜の仕事一本のオーナーよりチェックできる回数やレベルが落ちると判断し、不正や悪さができないマニュアルの作成を充実させることでした。

まず最初にやったのは、私自身が空想の中で店長になって、できる限りの不正をピックアップしてみたのです。私の考えでは、店長になる人が、もし不正をするような人物であったとしても、私よりは悪さを考えることはできないだろうと思ったのです（笑）。

私も昔はヤンチャだったので、本気になれば悪知恵も考えられる自信がありました。この自信は無駄な自信であることは間違いないですが、この時には役立ちました。

さて、その後、その不正に対して、すべての対処法を最初から盛り込んで、不正ができないシステムのマニュアルを作ってみたのです。このアプローチでは、どんなに店長が不正をしたとしても、想定内の不正ということになるので対処ができます。

この様なマニュアルを作ったお陰で、四六時中見張っていたりすることもせず、不正のない店づくりをすることができたのです。

たまに経営の本を読むと、社員を信用しなさいとか、社員に感謝して働いてもらおうということが書いてありますが、これに対しては全く同感で反論はないのですが、この気持ちを持った上で、このようなアプローチをしておけば、完璧な仕組みができるはずです。

私も常に疑いの目を持ってスタッフを見るのはイヤなので、それならば最初からそのようなことができない仕組みを作って、その上で信用して感謝の気持を持って、接すればよいのかなという発想でした。スタッフには売り上げに直接関わる仕事をさせ、もし誰にもわからないように不正をして会社に損害を与えたら、結局は利益が出なくなり、自分の給料に跳ね返って自分が損をするのだ、ということがわかるシステムにしたのです。結果を言うと、私がいちいちチェックしなくても、不正ができない仕組みだったので、水商売に未経験の私でも、すぐに結果を出し地域一番の店を作ることができました。ある意味、仕組みで経営するという考え方の勝利でした。

経営というのは、いろんなリスクが伴いますが、それは経営者の努力で回避できることも多々あります。もし経営者の怠慢で、ザルの様な不正ができる仕組みで、社員の出来心を誘発するようなマニュアルでは、逆の考え方をすると、仕組みが犯罪を助長することにもなるのです。

でも最初からそのようなことを想定して作っておけば、世の中には絶対はないですが、限りなく不正ができない仕組みができるのです。現在、飲酒運転の規制が厳しくなって、以前より飲酒運転の数が減ったのも、ある意味では厳しい処罰という仕組みの勝利です。

現在は、飲酒運転をする人にはもちろん厳しい処分がありますが、車で来ているのを知っていて飲ませるお店側にも責任が出てきました。また、お酒を飲んでいる人が運転する車の同乗者も罰せられます。

この様に仕組みで改善すれば、ある程度の不正やマイナスを回避することができます。これはすべてのビジネスに当てはまる発想なので、良い仕組みを作ってビジネスをやることは最重要です。さらに悪いことができず、良いことをすれば評価される仕組みを作ればモチベーションが上がって結果的にビジネスが上手くいきます。

どうぞ、この仕組みの発想を取り入れてみてください。最高のマニュアルができ上がること請け合いです。

☆心磨き一言エッセンス

最初に最高の仕組みを作ろう

問題のボスを見極める

先にもお話ししましたが世の中には80対20の法則があります（33ページ参照）。80対20の法則とは、パレートの法則と言って、世の中のものは、すべて80対20の法則の分布で構成されているというものです。

ちょっと例を挙げると、会社の80％の売り上げを20％のセールスマンが上げているとか、会社の80％の売り上げを20％の商品が生み出しているなどがそれに当たります。

この視点で言うと、問題の80％は20％の原因で起きていることになります。ということは、80％の問題を生み出している20％の原因を探し出して見つけることができれば、問題は簡単に解決するということです。

私のヘアサロンでのことですが、以前のヘアサロンのスタッフは、ほとんどが女性だったのですが、皆よく働きとても良い人が集まっていました。

そんな時にもう一人スタッフが必要になり、面接でそれほど問題がなかった女性を一人採用しました。

面接時に前に働いていたお店のオーナーのことを若干悪く言っていたのですが、よくあることだと思ってそれほど気にも留めませんでした。

さて、そのスタッフを採用してからしばらくして他のスタッフの態度に変化が出始めました。何故か皆よそよそしくなり仕事をサボるようになりました。どうも陰口も言っているような雰囲気でした。その中の一人に割と中立の立場の人がいたので、やんわりと行動を探ってみると、新しく採用した女性が他のスタッフを、お店が終わってから頻繁に飲みに誘い、会社の批判をして、洗脳のようなことをしていたようでした。まったく純粋だった高校生のアルバイトまで様子がおかしくなり、いよいよ営業に支障が出るレベルまでの状態になりました。

私はこの状態を何とか改善しなければと思い、策を練りましたが、彼女を解雇するしか方法がないと腹を決め、ミーティングをして辞めてもらうことにしました。

私の判断は、この問題の80%を生み出しているのは、新しく入ったスタッフの存在、5人いたスタッフのうちの1人、つまり20%の原因で起きていると判断したのです。

そこで苦渋の決断だったのですが、そのスタッフに解雇を通告して辞めていただきました。彼女もそのようなスタイルを繰り返していたようで、それほど驚くこともなく、またかといった表情で冷めた感じで承諾をしてくれました。

その後、残ったスタッフは、しばらくの間こそおかしい雰囲気を醸し出していましたが、その人がいなくなったら、全員元の素直なスタッフに戻っていったのです。

この様に、問題が起きた時に80％の悪い結果を生み出している20％の原因を突き止めて対処するという方法が大変有効なのです。

私はこの80対20の法則が本当に正しいのかを、実際に会社の例で確認してみることにしました。例えば、ショットBARの売り上げの80％はどのお酒が生み出しているのか調べました。そうすると見事に、80％の売り上げは20％のお酒群で生み出していることがわかりました。ヘアサロンでも80％の売り上げは、20％の商品構成で生み出していることが実証できました。

ですから問題が起きた時には、すべての考えられる原因をピックアップして、手当たり次第に改善していくよりも、問題の80％の原因を作っている20％を探し出し対処する方が、時間もお金も節約して問題を解決することができるのです。

もし、考えられる20％の原因を改善しても、問題を解決できなかった時には、探し出した20%の原因が間違っていることが考えられるので、また、次の20%を探して出して改善していけばよいのです。

このアプローチは、問題解決の場面だけでなく、売り上げアップの方法論にも応用できます。例えば、80%の売り上げを叩き出している20%の商品がわかれば、その商品の販促を強める戦略を取ることができます。

また他にも、お客様の満足度の80%を生み出している20%の行動がわかれば、その行動を増やしていけば、さらにお客様は満足しリピートにも繋がることになるでしょう。

私は著者ですから、本を出版したらまずは重版することが最初の目標です。そのためにベストセラー作家や重版をよくする売れっ子の著者さんに出会ったら、その方法論を聞くようにしていました。その結果、ある方程式が見つかったので早速試してみましたら、その後は重版する確率がグンと上がってきたのです。

この章では、問題解決のレッスンがテーマですが、ちょっと頭を捻れば売り上げアップの方法論にもつなげていくことができるのです。

もしあなたが問題解決の局面に出会ったら、この80対20の法則を使って問題解決すると共に、売り上げアップのための80対20の法則もセットで活用してください。問題解決と売り上げアップが同時にできて、一石二鳥の欲張りな結果を手にすることができますよ。

☆心磨き一言エッセンス

問題解決のメソッドで売り上げも同時にアップ

問題解決からお金を生み出す

問題解決は実はお金を生み出すツールでもあります。世の中には、あなたと同じような立場の人が溢れています。同じ環境に身を置く人には、同じような問題が降りかかるものです。問題というのは、ある意味では環境が作るものだからです。

例えば、後期高齢者が抱えている問題は、健康問題であったり、老後不安であったりします。他にも跡取りがいない経営者は、後継者の問題を抱えています。現在は、業績が順調でも後継者がいないために、後継者不在倒産などという倒産も多くあるのです。

また、子供を産んだばかりのママは、子育ての不安を抱えているので、このようなママたちをコーチするコンサルタントやセラピストもいます。

この様な人達の多くは、過去に自分も同じ問題を抱えていて、それを克服したノウハウを、過去の自分と同じ問題で悩んでいる人に販売しているのです。つまり、過去の問題をお金に変えているのです。

私の友人著者でも、過去に対人恐怖症と赤面症で苦しみ、その後、心理学や人間関係構築のノウハウを学び、それを克服したことでそのハウツーが本になり、現在は、コーチとして大人気で全国に引っ張りだこになっている人もいます。

私自身もこのパターンです。私は現在ブランディングプロデューサーとして、お仕事をさせていただいていますが、実は過去にブランディングの失敗で痛い思いをして、リブランディングをすることにより一気にステージアップできた過去があります。

ちょっとこの話をしますと、私が最初に本を出したのは、マネジメントの本でした。『ダメ社員がプチ経営者に変わる最強の社員マネジメント』（総合法令）という本です。

そこで人材マネジメントコンサルタントという名刺を持ち歩いていたのですが、当時の私にはブランディングという概念が全くなく、ブランディングという言葉さえよく理解していませんでした。

元々ヘアスタイリストだったこともあり、ビジネスセミナーにも行ったことがなく、この世界には当初まったく興味がなかったのですが、ちょっとしたきっかけで本を書いてみたら、それが何と出版できたという超ラッキーなパターンでした。企画書も作らず、誰が読むとも決まっていない本を勝手に200ページ書いて、出版社に送ったら通ってしまったというミラクルな例です。

でも、出版してもブランディングの概念がなかったために、検索される準備をしていなかったので、私の本を読んで共感してくれた人が、「後藤勇人」で検索すると、素人づくりの安っぽくてダサいホームページが出現して、さらに最悪なことに、プロフィール写真は、日焼けサロンのベンチに日に焼けた黒い顔で、しかも、鼻にピアスをして、だらしなさそうな座り方をした私の写真だったのです。

これでは私のマネジメント本を読んで感動した人も、検索で私を見つけたら幻滅してしまうでしょうし、当然、企業研修依頼は来ませんね。スーツも来ていない写真ですから。

さらにリブランディングのきっかけになった出来事がありました。私はマネジメントの専門家を謳って、名刺交換の時にも「人材マネジメントコンサルタントの後藤勇人です」と自己紹介していたのですが、多くの人は、私を人に紹介する時に、「世界一の男のプロデューサーの後藤勇人さんです。」と紹介してくれていました。

当時の私はすでに、世界一のギター会社フジゲンの横内祐一郎氏のプロデューサーもしていたために、皆さんそのように呼んでいたのです。つまり、人材マネジメントの後藤勇人より、世界一の男のプロデューサーの後藤勇人が世間には認知されていたのです。一言で言うと私の最初のブランディングは失敗であり、勘違いブランディングだったのです。

そこで、すぐにブランディングの切り口を変えました。それは、横内氏の成功哲学を世の中に広める人、つまり。「世界一マインド伝承者の後藤勇人」、「世界一マインドの後藤勇人」でした。このリブランディングをした結果、それまで鳴かず飛ばずだったコンサルタントとしての私のところへ、お仕事の依頼が急増しました。

さらに、様々な場所にご招待で呼ばれるようになり一気にブランド力とステージがアップしたのです。このテーマの本もその後2冊出しました。

その後、ミスコン系の日本代表の女性のビジネスブランディングをサポートして、その制作実績をホームページに掲載していたこともあり、多くの女性クライアントが殺到したのです。その後は、世界一の男のプロデューサーと女性起業ブランディングの専門家という二枚看板でビジネスを展開していき、多くのクライアントをゲットしていったのです。

私の場合もまさに、自分のブランディングの失敗を経験し、その問題解決をしたことで、過去の私と同じ間違いをしている人をサポートしているのです。このように問題解決は、大きなビジネスに転換できるのです。

あなたは現在問題を抱えていますか？　問題を抱えると大変で凹むこともありますが、それを解決してしまえば、大きなキャッシュを作り出すチャンスにも変換できます。ですから目の前の問題にしっかり対応して解決ノウハウを作ってくださいね。

☆心磨き一言エッセンス

問題はお金を生む金の卵

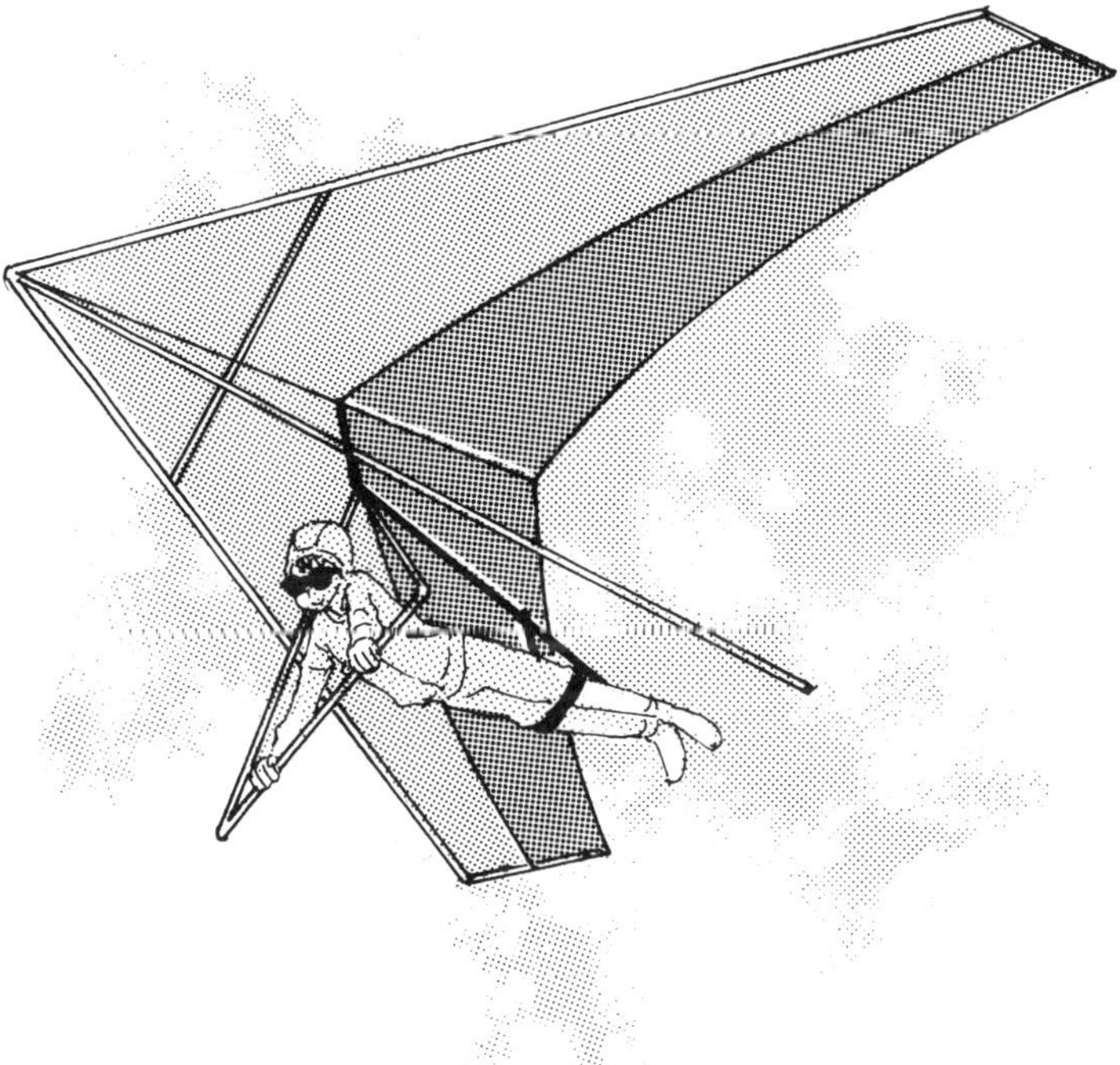

第5章

「逆境」のレッスン

〜〜アゲインスト風で大空に舞い上がる〜〜

逆境は離陸には必要な風

世間でよく使う言葉に逆境という言葉があります。通常は、逆境と順境という風に使い分けますが、この二つはセットのようなものです。物には、表もあれば裏もあるのです。

通常「逆境」という言葉は悪い時期に使うことが多いですが、逆境というのは、自分を大空に舞い上げてくれる風でもあります。逆境はいうなれば飛行機が滑走路から舞い上がる様に似ています。飛行機というのは、限られた滑走路の距離で大空に舞い上がらなければなりません。だから、離陸時に最大限の加速を要します。

皆さんも飛行機に乗ったことがあると思いますが、離陸時に体にかかるG（重力）は半端なものではないですよね。でもそのぐらいの加速をしなければ大空に舞い上がることはできないのです。

離陸時に飛行機が受ける風は、「逆風」です。この逆風が厳しいからと言ってスピードを弱めれば、滑走路は終わってしまい飛び立てません。スピードを上げれば上げるほど、空気抵抗が強くなり逆風が強くなります。でも、この逆風は最終的には、浮力となり飛行機を大空に舞い上げてくれるのです、ビジネスでも人生でもこの論理は同じです。

今思えば私にも逆境という自分を舞い上げる時期がありました。その時期はグループ4店舗となり、社員数も23人を超え売り上げも順調で、傍から見れば、とても順調に見えていた時期です。

私は社員が多くなるにつれ、マネジメントの勉強を始めて、書店に行ってはマネジメントの本を購入してその方法論を試していました。ですが、どの本に書いてあるどんな方法を試しても、上手くいかなかったのです。

理由は色々試した後にわかったのですが、書店に並んでいるマネジメントの本というのは、一定レベルの人を採用している大企業向けの対策であったり、もともと最低限の常識がある人向けだったのです。それに引き換え、当時の当社の社員は、面接時に帽子を脱がなかったり、ガムを噛んだまま来るような、社会常識に欠ける人も多かったのです。

誤解を恐れず言えば、ショットBARなどの夜の世界で働く人や日焼けサロンで働きたいと来る若者は、比較的そういった一般的には常識がないと思われる行動をする人が多くいました。

基本的には、楽して稼ぎたいケースがほとんどで、常識のベースの上に書かれたマネジメント理論は、まったく通用しなかったのです。理論を解けば解くほど、逆に関係がおかしくなる、ややこしくなるばかりでした。

その結果、独自にマネジメント方法を開発するしか方法がありませんでした。例えば、社会人として常識的な行動をさせようとしてもすればするほど逆効果になることが多いため、毎朝の朝礼で繰り返し理想のスタッフ像を語るようにしました。直接真正面から言うのではなく、全体に繰り返して潜在意識の中に刷り込むことをしたのです。

ガムを面接で噛んでいることがなぜ悪いのかということを言わず「今ガム噛んでる？次の面接からはやめた方がいいと思うよ」と、叱らずに彼らに寄り添う形で、自分の言いたいことをやんわりと教えるというようにしたのです。またコミュニケーションを取る時は、8割彼らの好きな話題をして自分の話は2割程度にしました。お客さんと接するためにやらなければいけないことは、マニュアルに落とし込んでやらせるようにしました。

そこで私が行き着いた理論は、彼らの行動やパフォーマンスが彼らのお財布と直結するスタイル、つまり経営者の私と同じような目線でお店を見るオープンブックマネジメントでした。

一言で言うと、彼らも売り上げが良ければ収入が増えて、悪ければ時給の範囲だけの収入ということです。一人一人を株主に見立てて、配当金を払うシステムです。

詳細は避けますが、このメソッドが最初の私の著書『ダメ社員がプチ経営者に変わる最強の社員マネジメント』（総合法令）になったのです。

まさに、逆境を使って、ビジネス書作家やコンサルタントという新たな世界へ離陸したのでした。このように逆境というのは、とかく次のステージに離陸する前に訪れることが多いのです。

何度も登場して恐縮ですが、フジゲン横内会長も、最初に納品したギターは音階がおかしいということで、出荷した６００本のギターがすべて返品になり、多くのマイナスを出した後に、正しい音階理論を学んで世界に通用するギターを作り上げました。

他にも工場が火災になったことをきっかけに徹底した整理整頓を始め、その結果社員のレベルも上がり更なる飛躍となり、世界一に邁進していったのです。

この様に逆境の裏には必ず飛躍があります。アメリカの大成功した起業家にインタビューした記事を読んだことがありますが、多くの場合、人生で最悪の事態を経験した後、それがきっかけとなって大成功していったという話をしています。

もし、あなたが今、逆境のど真ん中にいるとしたら、それは神様が与えてくれた離陸のサインだと思ってください。この時期が次のあなたの更なる飛躍を生み出してくれること間違いなしです。逆境、つまり、逆風は大空へ舞い上がる離陸への必要な風なのです。

☆心磨き一言エッセンス

逆風を上手く利用して大空へ舞い上がろう

苦しみの後には楽園がある

生きていると悲しいこともたくさんあります。人との別れだったり、大切な人を失ったり、予期せぬアクシデントに見舞われたりと、様々なことがあります。

ある女性が私に面談を申し込んできました。その女性はとても悲しい表情をした陰のある女性でした。彼女の相談内容は、旦那さんのギャンブルで抱えた借金が発覚して、人生の先が見えなくなっているがどうしたらよいかという、人生相談に近い内容でした。

私との面談では、ビジネスの相談以外にもプライベートの相談もOKにしています。理由は、ビジネスの良し悪しは、とかくプライベートと繋がっていることもあるからです。またプライベートの充実はビジネスの飛躍の鍵だったりすることもあります。

さて話を戻しますと、この女性は元々美容系サロンで働いていましたが、家庭を支えるほどの収入はなく、二人で共働きでした。お子様も二人いて順調に生活していたのですが、ある日突然、パートナーであるご主人の借金が発覚したのでした。その金額も1500万円という大金で、サラリーマンでは簡単には返せないような額でした。もちろん住宅ローンも抱えていましたし、それ以上の返済は厳しい状況で、お子様の将来にも不安を抱えていました。

この様なタイミングでのご相談だったのですが、まずは、今のままでは二人とも同時にダメになってしまう可能性があるので、この女性に金銭的に独立する策を伝授しました。

具体的には、パートナーに正直にすべてを話してもらったうえで、ギャンブルを止めるように説得をすることと、もし、パートナーが現状を変えることをしなかった場合を想定して、金銭的には独立して子供を育てていけるプランをアドバイスしました。

彼女は、アドバイスに忠実に金銭的独立を目指すべく、まずは独立のための勉強や、女性起業の助成金などの勉強も始めました。さらに、経営者としてのマインドを身に付けるためのマインドセットの本も読み始めました。この様な努力も相まって、普通の主婦のマインドから、女性起業家のマインドへと大きく変化していきました。その後、最高のタイミングで、友人がやっていた美容サロンを譲ってくれる話が舞い込んだのです。

結論から先に言ってしまうと、彼女のお店は順調にいって借金返済の目途も立ち、懸念していたパートナーのギャンブル癖も、彼女の本気を見せられて改心し、すっかり影を潜めました。まさに「悲しみの後に、楽園がある」を地でいったケースです。

でも、ここで大事なポイントがあります。彼女のケースを例に解説しますと、まず悲しい出来事が起こった時に、ただ悲しんでいるばかりではなく、冷静に事態を見極めて、未来が好転するためには今どんな行動が必要か、というアプローチをしっかりしているところです。

その後、未来を見据えてしっかりやるべきステップを踏んでいるところです。通常のよくあるケースは、悲しいことがあると悲劇の主人公をずっと演じてしまい、そこから抜け出せなくなるパターンが多いのです。このパターンに陥ってしまったら、楽園どころか地獄が待っているでしょう。その様な場合には、自分で抜け出せないと感じたらプロのアドバイスを受けるのも、一つの方法です。

先にご紹介した女性の様に自分で考えても良案が出ない場合には、プライベートを話しても問題がないような信頼できるプロフェッショナルに相談するのもよいでしょう。真っ当なコンサルタントは守秘義務を守るので、お客様の情報はいっさい他人には話しません。

良くないのは、一人で悶々と悩んでしまい、ネガティブループから抜け出せず、精神的にも参ってしまうレベルまで落ち込んでしまうことです。

私のところには、このようなプライベートのご相談をする方も多いのです。たぶんプライベートを話しても支障のない他人であり、相談のプロフェッショナルだからでしょう。

この様なプロはどんどん活用すべきでしょう。人に話すだけで心が軽くなり、問題が解決してしまうこともよく起こります。神様はその人に解決できない問題は出さないと言われています。もし万が一その人に解決できないとしても、必ずその人の周りには、解決策を持っている人がいるのです。ちなみに私も個人セッションという形でご相談を受けていますので、興味のある方は、巻末のプロフィールのアドレスよりお申し込み下さい。

この論理を知ると、自分に降りかかる問題は、必ず解決できると最初からわかるので、そこまで悩まなくてすみます。さらに、問題の後に楽園が訪れると知っていれば、心も軽くなるでしょう。

人生には、晴れの日もあれば、雨の日もあります。雨ばかり永遠に続くこともありません。どんなに雲に覆われた空でも、雲の上には晴れ間が広がっています。目の前の雲を突き抜けてしまえば、晴れ間に出会えるでしょう。これこそが、苦しみの後の楽園なのです。

☆心磨き一言エッセンス

雨の後には、必ず晴れの日が来る

立ち位置を変えてもう一度見る

物には360の解釈あるのを知っていますか？

えっ、そんなにあるの？　と思った方もいるでしょう。でも正確に言うと平面だけの視点で考えなければ、解釈は無限にあるのです。物の見方は、立ち位置によって変わりますから、立つ位置を1度ずつ変えれば、見え方も大きく変わるのです。以前ある本で読んだのですが、飛行機が飛ぶ角度を1度変えただけでもまったく違う場所に着くそうです。

この様に1度の立ち位置の変化でも解釈はすごく変わるということを覚えておきましょう。この視点で見ると、逆境の場面でも360回の戦略を試せるということです。さすがに360回の施策というのは、現実的ではないですが、10度見方を変えるだけでも36回の施策を打つことができるのです。

逆境に出会ってもがき苦しんでいる時には、とかく視野が狭くなり、考える幅が小さくなっているものです。例えばこんな感じです。

ある男が、家族が病気になったために、壁の向こうにある薬屋さんに薬を買いに行こうとしました。壁の向こうに行くには小さな穴をくぐって行かなければいけません。でも、男の体は大きく、どんなに体を小さく縮めてもその穴を通ることができません。そこで男は力任せに体当たりしたり、大きなハンマーを使って壁を破ろうとしたりしましたが、びくともしません。男は、体当たりで血だらけになり、さらにハンマーを持った手も豆だらけで、疲れ果てて眠ってしまいました。

しばらくして眠りから覚めた男は、諦めて違う方法を冷静に考えるために家に帰ろうと歩き出しましたが、しばらく歩いてから、何とか通れないかと再度後ろを振り返ったところ、壁の端の方に大きな扉があることを発見しました。男は全速力では走って戻り、その扉から壁の向こうに渡って薬を買い、家族を助けることができました。と、この様なストーリーです。

実は、視点を変えるという観点の事例で言うと、私のリアルビジネスであるヘアサロン業界で、ある新商品が開発されたことがありました。それは、自動洗髪機です。

この商品は人手不足を解消すべく開発された商品でしたが、実際に使ってみると、やはり人間が手を使ってやるシャンプーにはとても及ばないという評価で、購入したサロンでも埃を被っているというのが現状でした。それもそのはずで、この洗髪機は車を洗う洗車機の様に水圧で頭皮を洗うスタイルで、実際に人間の手の指が頭皮に当たるようなスタイルではなかったのです。

現在は、介護業界用にシリコン素材で実際に人の指を表現した洗髪機が出ているようですが、まだ普及しているかどうかという感じですので、これからだと思います。

さて、発売されながら評価されず、埃を被っていた自動洗髪機ですが、思わぬところに活路を見出したのです。それは、毛穴の皮脂を取るためのヘッドスパというカテゴリーです。

元々水圧で頭皮をきれいにするという役割もあった機械でしたから、洗髪というカテゴリーから、頭皮の皮脂を取り去るヘッドスパという位置づけに変えたことで、一気に支持される商品に変化していったのです。

まさに、立ち位置を変えて角度を変えて見たことで、新しい需要を探し出すことができたのです。一度死んで埃を被っていたのに、新たな息吹を吹き込むことができたのです。この様に一度チェレンジしてだめな場合でも、新たな可能性を見出だすこともできるのです。

私のブランディングプロデュースでも同じことが言えます。一度ブランディングしたけれども、そこまで期待した結果が得られない場合、角度を変えて再度ブランディングの切り口を見直して、再リリースした結果ブレイクした例もあります。

逆に、リブランドしようとしたタイミングで、突然ブレイクする案件もありますので、ある程度の辛抱強さが必要ですが、あまりにも動きがないような場合は、視点の変更が必要です。

本の出版時の企画書でも同じような場面もよくあります。例えば、私が考えた企画書に対して、担当編集者が、他の視点を加えることで、まったく新しいコンセプトが生まれたということも珍しくありません。

ですから、停滞したタイミングで視点を変えてみるアプローチは本当に有効ですし、まったく新しいものを作るのではなく、商品は同じでも、自分が視点を変えるだけなのでコストもかかりません。

もし今あなたが、何か停滞していることが目の前にあるのなら、立ち位置を少しずつ変えながら、新たな可能性を捜してみてください。目の前の上手くいっていないことが、思わぬお宝に変わる例は多くあります。ビジネスは、諦めが悪い方が上手くいくものです。

☆心磨き一言エッセンス

チャンスは360回ある

逆境で「ビジネス筋肉」をつける

逆境は人をとことん鍛えます。苦境に立たされた経験が多ければ多いほど、ビジネス筋力は付いてきます。ビジネス筋力とは、ビジネスをやっていく上でぶつかる問題の解決力や逆境を突破する力のことをいいます。

私も今まで様々な逆境に立たされましたが、その経験が功を奏して、今では逆境でも逆境と感じないほどの免疫力が付いてきました。逆に逆境に感謝したいぐらいです。

さて、私が経験した逆境を挙げてみますと、まず最初に、32歳の時に初めて土地を購入した時の融資トラブルです。この土地は自社ビル建築用に約100坪の土地の購入の契約をしたのですが、融資トラブルで契約日までに降りるはずだった2000万円が、担当者の手違いで契約日に間に合わない事態になってしまったのです。

その時は本当に逆境でした。土地の契約ができなければ、すでに契約している自社ビルの工事もままならなくなります。営業していた貸店舗は、店舗返却日を決めていたので、自社ビル建築が遅れれば大きな損失を被るところでした。

そこで、様々な作戦を考えましたが、何とか知人の伝手を使って、同じ金額を用意することができ事なきを得ました。世の中金銭的なピンチに勝るピンチはなかなかありません。

お金以外のピンチももちろん厳しいですが、精神的なものの場合は、まだ何とかなりますが。金銭的なトラブルから精神的に極度に追い込まれるのは、本当につらいものです。

お金の章、第3章でも書きましたが、お金というのは、ある意味何にでも変わる万能チケットなので、ケースバイケースでモノやサービスに変換することができますが、その元がないとお手上げという事態になります。ここは本当に注意が必要ですし、追い込まれると厳しいものがあります。


さて、次の逆境は、最初に本を出版した後に、当時本業だったヘアサロンや日焼けサロン、ショットBARなどが、人材不足に陥ったことでした。悪い流れは本当に連鎖するもので、当時23人ほどいたスタッフが、一桁台まで激減したことがあったのです。

私のヘアサロンでも、人が多く減ってしまい、私自身もシャンプーをしたり、下回りの仕事をしなければお店が回らない事態まで追い込まれました。

その時に、私はあるメッセージを天から受け取ったのです。それは、本を出版して新しい世界の扉が開いたけれども、本業を疎かにするな！　でした。今はなくなりましたが、本を出した最初の頃はコンサルティングの仕事が順調になりかけるタイミングで、まるで引き戻されるように、リアルビジネスでのトラブルが勃発したのです。これは本当に不思議な現象でした。

ある時に、スピリチュアル系の友人とお茶した時に、タロットカードで占ってもらったら、見事に本業に縛られて自由が利かないカードが出てきました。逆さになって手足を縛られているカードでした。

このカードは、自分で引き当てたものなので、潜在意識レベルでも、そのことは感じていたようです。でもこの経験から何かのトラブルが起こった時には、必ず原点へもどり、今目の前にあることに集中するというマインドを手に入れました

このように逆境というのは、本当に人を育てます。そして人を強くしてくれます。私などは、最近では少々の逆境は逆に楽しんでいます。そもそも逆境は訪れたとして

も、その原因を作っているのは、まぎれもなく自分自身です。自分に起こることは、ある意味、自分の思考や行動が引き寄せた必然で、誰のせいでもないのです。

また、この逆境も自分の中に原因を見つけなければ、一向に解決できず延々と続きます。でも、すべての敗因は我にありの精神で物事を見つめ直し、自分の中に原因を見つければ不思議と逆境も乗り越えられます。

私の好きな言葉に「安心立命」というものがあります。元々仏教の言葉ですが、要約すると左記の様な意味になります。

安らかにして動ぜず、人力を尽くして天命を待つ。

つまり、自分に起こることは、すべて自分が引き寄せた必然である。良いことにも悪いことにも、必要以上に一喜一憂せず粛々と受け止め、さらに現状を改善するために今できる最善のことをしよう。その後の結果は天に任せて、受け止めればいい。これを繰り返して、螺旋階段を登るように、上に登っていけばいい。この様な解釈をして、好んで毎朝アファメーションしています。このマインドを身に付ければ、生きるのがすごく楽になります。

言ってしまえば、人の心も環境も自分一人の力ではどうにもコントロールできません。

ならば、安心立命の精神で、自分でコントロールできる自分にフォーカスして生きていくスタイルが賢明です。この生き方を覚えるとストレスフリーです。この様な精神も逆境を経験したからこそ行き着いた境地です。

☆心磨き一言エッセンス

逆境を乗り越えると、最強の自分に出会える

逆境は神様の変化サイン

多くの場合、逆境は転換期のサインです。先の東日本大震災も原発のあり方や、災害時の対処のあり方に大きな変化をもたらせました。

また、数年前の諸隣国の日本国土への様々なスタイルのアタックが、日本の国防へのスタンスに大きな影響を与えました。その結果、憲法改正への後押しも以前より理解度が高まり、背中を押しているのではないでしょうか。

この様に逆境は、今までの常識や考え方を改めなければいけないタイミングで訪れることが多いのです。あるセラピストの女性がいました、仮にAさんと呼びます。Aさんは私の個人面談を受けに来たのですが、相談の内容がどんなに頑張っても利益を得られないというものでした。

そこで、私が商品構成をチェックしてみると、利益が上がるラインアップになっていなかったのです。そこで私はそのことを指摘して、高額なメニューを作るようにアドバイスしました。彼女は、高額商品を作ることに対してすごく消極的でした。理由は、自分自身にそんな高い金額を取る価値はないとの思い込みがありました。

何故、彼女にそのようなブロックがあるのか探ってみたところ、彼女はもともと整体師で、40分4000円程の施術料金で長いこと商売をしていたのです。

実は私も職業こそ違えども、同じようなジレンマに悩まされたので、状況がよくわかりました。というのは、私自身のリアルビジネスであるヘアサロン業務は、40分対応して、カット料金4000円を頂くようなビジネスです。しかも、40分付きっきりで施術して、その金額なのです。

よく言われることですが、何かを始める時の値決めは、その人が最初に売り出した物の料金に依存すると言われています。そのような側面からすると、当初の私もそうですが、彼女も高額料金に対する強大なブロックがあったのです。

でも、マスに何かを売る商売は、薄利多売で仕掛けてもビジネスになりますが、生産できる量が決まっているビジネスでは、高価格の商品を作らなければ、ビジネスとしては成り立ちませんし、うま味もないので、結果論から言うと挫折して止めてしまうのです。そこで彼女に、私もまったく同じような状況を経験して、その後、変化しなければならないこと気付き、高額のメニューを作った状況をお話ししました。彼女は、私が同じような経路を辿ってきたことに安心感を得たのか、かたくなだった態度に変化が訪れました。そして、最高額が2万円だった商品構成に、30万円と50万円の価格帯の商品を作ったのです。

最初は恐れを頂いていた彼女ですが、細かく説明したことで、不安も消えて高額商品づくりに着手しました。しばらくして彼女からメールが来たのですが、ご相談に来られた時の売り上げの8倍にまで膨れ上がったそうです。

彼女は、頑張っても頑張っても売り上げが上がらない逆境の時に相談に来られ、諸々話し合った結果、自分の中のマインドセットの必要性を感じ、私のアドバイスも素直に受け入れ、結果的に理想の状態を手に入れました。

これはほんの一例ですが、このような相談例がたくさんあります。

総合的に見るとほとんどの場合に、まず逆境が来て、もがき苦しんで、このままではいけないというところまで追い込まれた後に、変化の時期がやってくるのです。

健康問題で言えば、お酒を止めるのも、健康的に追い込まれて、医師からのアドバイスで禁酒したり、メタボで数値が上がり過ぎて、ダイエットに踏み切ったりと、必ず逆境が先に来ます。この様な時、逆境は変化のサインであることを、最初から知っているのと知らないで苦しむのとでは、大と地ほど精神的ダメージに差があります。

私などは、すでに慣れっこなので、さらに上級者で、逆境も逆境と感じないレベルまで到達しています。もし逆境と感じるレベルのことがあっても、変化の前触れだとわかっているので、安心立命の精神で粛々と対処して、最善の形で変化します。

さて、今あなたは順境ですか？　それとも逆境ですか？　順境なら運が良いうちに走り抜け、もし逆境なら変化のサインだと思って、どのように変化したらよいのかを考えてください。

☆心磨き一言エッセンス

逆境の後は、変化し進化した自分に出会える

第6章

「時間」のレッスン

〜〜時間を制する者は結果を制する〜〜

考える前に動き出す

物事が上手くいかない人の特徴は、考えすぎることです。とかく頭が良い人や、ビビりさんに多いようです。まず頭の良い人は、考えて考えて結果を予測する左脳スタイルなので、まず、データ上の結果が満足するかどうかが最重要課題で、右脳のインスピレーションが使えていません。データも大事ですが、データは所詮データでそれ以上でも以下でもありません。計算しすぎて、石橋を叩いて叩いて壊してしまい、結局渡らないのです。

次にビビりさんですが、ビビりさんはとにかく失敗がイヤなので、何か始めようとする時に、行動して得られる結果にワクワクするより、失敗による悲惨な状況が先に頭に浮かんでしまうのです。石橋を叩いても壊れたらどうしようと気持ちばかりが先行し、結局渡らないのです。

上記の両者はタイプが違いますが、結局どちらも結果は得られません。考えることは大事ですが、考えすぎは行動の邪魔をします。時間というのは有限ですから、ある意味限られた時間の中で、より多くの行動ができる人が、たくさんの結果を手にできるのです。

もちろん考えることも大事ですが、考えただけで結局行動しないのであれば、考えたことさえ無駄になります。慎重さは、時に非常に大事なことですが、慎重すぎるのはかえってマイナスです。

私のフィーリングでは、何か物事をする時に、まず、やりたいかどうかを直感に聞くようにします。その後、メリットとデメリットを考えますが、メリットが自分にとって大きく、もし、デメリットが起きても対処可能なものなら、即スタートします。

物事はスピードが大事であり、同じレベルならスピードが速い人の方が、先に目的地に着くので果実を手にすることができます。言い方を変えれば、時間を制する者が、結果を制するのです。

ある時に、こんなことがありました。

朝のコンテンツの本『結果を出し続ける人が朝やること』（あさ出版）を出版した時の話ですが、ある雑誌社から取材依頼がありました。詳細を少し聞いただけですぐOKを出し、お返事してしまいました。まだ他のスケジュールを完璧に調べていない段階でしたが、もしダメなら後で断ればよいと開き直って、見切り発車で相手の要望する日にＯＫを出しました。

さて、何故私はこのような無謀なＯＫを出したのでしょうか？　実は、私には痛い経験が過去に2度ほどあったのです。

まず一つ目は、ヘアサロンにテレビの取材の話が来た時です。先方の要望に応えられるか検証したかったので、ちょっと時間をくださいと言い電話を切りました。その後、対処可能だとわかったので電話をして、お受けできるとお答えしたら、もうすでに他で決まったので、今回の話はなかったことでお願いします、と言われたのです。

この時に思ったのは、テレビを含めてマスコミ世界は、スピード重視なんだなと感じました。

またもう一つは、こちらも民放のテレビの話だったのですが、私の肩書でもある「世界一の男のプロデューサー」というキーワードが、先方の目に止まったらしく、ある人気番組に出演する話だったのですが、こちらは家の中も取材させてくださいという要望だったので躊躇して返事を保留にしたら、これも流れてしまいました。

メディアの取材もすべて受ければよいという訳ではないですが、自分がやっているビジネスやあるいは私の様にブランディングの仕事をしている場合には、メディア露出は、大きなブランド力アップになることも間違いないことです。

振り返ってみると、この時の私は、「まず考えてから行動する」を重要視しすぎて失敗したのです。もちろん案件にもよりますが、メディア系はとにかくスピードが大事です。この時に、考える前に行動するというマインドも大事だと気付きました。その上で走りながら考えるスタイルもありだなと思ったのです。

さて、あなたは、どちらのタイプですか？　慎重さは重要ですが、あまりにも慎重なのは、チャンスを逃す可能性が大いにあります。

最近の私は、自分のウェブサイトに携帯電話の番号を載せています。その理由は、よくテレビに出ている友人の女性が、テレビ出演の依頼はよく携帯電話にかかってくると言っていたからです。もちろんテレビ対策だけの戦略ではないですが、私は会社にいないことが約50％以上なので、会社に電話が来ても対処できないのです。ですから、最短で情報が私のところに届くように、携帯番号を載せているのです。

ま、これは私が男性だからできることかもしれませんし、女性の場合は慎重さが必要ですが、とにかくスピードが大事だということです。チャンスがきたら、あまり考えすぎず、まずは行動してみてください。チャンスの神様は、フットワークの良い人が大好きです。

☆心磨き一言エッセンス

インスピレーションと概要だけで動く

時間に仕事をアジャストさせる

多くの人は、仕事に時間を合わせようとします。つまり、やるべき仕事があったら、その仕事をこなすのに、どれぐらいの時間が必要なのかと考えて、時間を新たに作り出そうとします。でも、この発想だと、新たにまとまった時間枠を作らないといけないので、なかなか時間を作り出すことはできません。ではどのような発想が必要なのかと言いますと、時間に仕事をアジャストさせる発想です。

具体的には、細切れ時間でもりっぱな時間と考えて、もし、トータル1時間を要する仕事なら、隙間時間を足してトータル1時間を作り出します。もし最初から1時間がぽっかり空いていれば、そこにアジャストすればいいですが、20分の隙間時間が3回あれば、それを足してトータルの1時間を生み出します。この発想を持てば、いくらでも時間は作り出せますので、時間がないからできないという定番の言葉は、忘却の彼方へ消え去ります。

私はすでに10冊の本を出版し、現在執筆しているこの本は11冊目の本となりますが、実は一度も執筆の時間をわざわざ作ったことはありません。いつも空き時間を利用して執筆しています。このスタイルは、本の執筆に限らず、メルマガやブログを書く時でもまったく同じ発想で書いています。基本、朝書く時が多いですが、もし、朝他にやることがあれば、日中の空き時間にそのタスクをこなします。

ちなみに、本の執筆のスケジュールで言うと、まず朝起きて、執筆を始めます。その後時間があれば、ブログやメルマガを執筆します。この仕事は朝のルーティーンに入っているので、ほとんどの場合は変わりません。たまに都内のホテル滞在時に、あまり気分が乗らない時には、ブログやメルマガを敢えて書かないで、昼間の隙間時間にこのタスクをこなします。

私の場合は、基本的に気分が乗っていない時には、無理に執筆仕事をしないスタイルです。

もし、気分が乗っていない時に執筆してしまうと、執筆自体が義務になり、嫌いになってしまう可能性があるからです。本を含めてブログやメルマガの執筆は、ビジネス的に必須なので、嫌いになるわけにはいきません。そこで、このようなスタイルを取っているのです。

逆に言うと、気分が乗っていればいつでも書くことができます。どのような隙間時間でも執筆してしまいます。

先日こんなことがありました。この経験は私自身初めてだったのですが、ちょっと面白いのでご紹介します。

私は元々癖毛なので、20年以上前からストレートパーマをかけています。以前は、整髪料でウェットな感じで固めていたのですが、頭も重くなるし、セットも大変なのでストレートパーマに変えたのです。だいたい2〜3カ月おきにスタッフにかけてもらうのですが、つい先日は、その最中にいきなり執筆のイメージが降りてきたので、施術の途中で中断してもらい、急いでヘアサロンから自宅にパソコンを取りに行って、なんとストレートパーマをかけながら執筆を開始しました。これがまた調子が良くて、通常ストレートパーマをかけるには2時間以上はかかり、さらにカラーもしたのでトータル時間は3時間以上かかりました。でも執筆していたらあっという間だったのです。

この時間で書いたページ数は、A4用紙4ページで文字数にして、3600文字程でした。二つのトピックをストレートパーマとカラー中に書いてしまったのです。
この結果は、ある意味すごい結果で、執筆の時間を取っていないにも関わらず執筆が進み、しかもこの時間は隙間時間どころか、ながら時間なので、同じ時間で二つの結果を生み出したというミラクルです。さらに、3時間以上の施術時間は、通常は退屈で仕方がないのですが、執筆に集中したことで、まったく退屈感を感じませんでした。

この様に時間というのは、新たな枠で考えて作り出そうとすると、なかなかハードルが高く、最初の一歩目が踏み出せず、結局やらない選択をしてしまうものですが、時間をトータルで考えて、隙間時間の足し算方式でまとまった時間を作ったり、私の様に「ながら時間」を活用するスタイルを取るといくらでも作り出せます。「ながら時間」で言うと、都内へ行く特急の往復でも気分が乗っている時に執筆をしたり、サロンワークのカットとカットの合間に執筆したりします。

もしあなたが、時間がなくてやりたいことができないと悩んでいるなら、仕事に時間をアジャストする発想を止めて、時間に仕事をアジャストして、さらに、隙間時間の足し算方式で時間を作り出す術を試してください。
やりたいこともたくさんできて、さらにブログを書いたりメルマガを発行すること
もまったく苦にならなくなるでしょう。タイムイズマネーですから、時間を上手く使
って生産性を上げましょう。

☆心磨き一言エッセンス

隙間時間も立派な時間

ビジネスチャンネルをたくさん持つ

あなたはマルチストリームオブインカムという言葉を知っていますか？

これは、複数の収入源を持つという意味です。現在は、一つのビジネスだけだと、何かの外部的要因でビジネスが止まってしまったら収入がなくなってしまうので、リスクマネジメントも兼ねて、複数の収入源を持つことが推奨されています。

私自身は、何を隠そう、この分野の専門家でもあります。私のビジネスを列記してみると、ヘアサロン、日焼けサロン、ホワイトニングサロン、アパート賃貸、一軒家の不動産賃貸、ビジネス書作家、セミナー講師、コンサルタント、ブランディングプロデューサー、出版プロデューサー、とざっとこんな感じになります。まさに超マルチストリームオブインカムです。

さて、何故複数収入源を持つことがよいのかを、次の事例で具体的にご説明します。

以前、日本の食文化を震撼させた狂牛病というのがありました。この病気は、牛が脳障害をおこす病気で、症状を持った牛の肉を食べると、人間にも伝染すると言われている病気です。日本中の焼肉店が大打撃を受けて、多くの焼肉店が閉店まで追い込まれましたが、閉店したお店と生き残ったお店には、ある違いがありました。

その違いは、焼肉店1本で営業していたお店と、焼肉店以外のお店も所有していたお店に分かれました。前者は売り上げが激減してつぶれ、後者は売り上げは激減したけれども、所有する他のビジネスのお陰で資金がショートしなかったのです。

この様に外部要因の不可抗力が原因で、営業努力などではまったく関係ないケースで経営が打撃を受けることは、世の中にはかなり存在します。このような場合の対処法は、他に収入源を用意していく以外に方法はありません。

昔は、一つの仕事を極めることがよいとされ、一つの美学とされていました。私自身も2店舗目のショットBARを買収して、水商売に参入した時には、多くの先輩経営者から「二足の草鞋を履くな」と反対され、その度に「二足の草鞋は履きません、片方は素足でやります」と答えていたほどでした。それだけ二足の草鞋を履くことは、悪いこととされていたのです。

それがどうでしょう、現在は政府でも副業を推奨するなど、時代も大きく変わってきたのです。ビジネスはある意味、時代に合わせて進化していかないといけないので、複数のキャッシュポイントを持つことも重要な戦略となります。

そこで、一つそのコツをお教えします。

この視点はとても重要なのでしっかりインプットしてください。

あなたは、テレビのチャンネルをよく変える方ですか？　それとも、一度見だしたら、ずっと同じ番組を見ている派ですか？　実は私はよく変える方です。

もちろん面白い気に入った番組を見つけることができれば、同じ番組を見続けますが、基本的にはよく変える方です。実はここにポイントがあります。

テレビのチャンネルとあなたの脳を同じようなスタンスで捉えるのです。各番組は、あなたが現在所有している複数の仕事と捉えてください。つまり、あなたは架空のリモコンを持ち、まるでテレビのチャンネルを変えるように、脳の中の仕事のチャンネルを変えていくのです。もし、今あなたに10分の空き時間があったら、10分でできる仕事にチャンネルを合わせてください。

例えば、こんな感じです。

私の場合は、サロンワークをしている時のチャンネルは、もちろん、サロンワークがメインチャンネルですが、カットとカットの合間に生まれる隙間時間は、執筆のチャンネルに変えたり、執筆をしていない時に、もし20分空いていたら、英会話を20分する時間のチャンネルに変えたりします。

また仕事ばかりでなく、15分の隙間時間があれば、息抜きに15分間英単語の勉強も兼ねて海外TVを見たります。この時の私の脳は、いつでも空き時間の長さや自分の気分によって、自由にチャンネルを変える設定になっています。

ここで大事なのは、どの仕事のスイッチも切らず、常にアイドリングにしておくことです。一度スイッチを切ってしまうと、また、エンジンがかかるまで時間がかかるので、フィーリングとしては、すべて同時進行で動かしているけど、今使っているチャンネルは一つみたいな感じです。

今現在も複数のチャンネルを同時進行で動かしています。メインは、今は執筆ですが、他に開いているチャンネルは、サロンワーク、ビジネスパートナーとのやり取り、さらに、海外TVも息抜きで見ています。

このように複数のビジネスを所有し利益を上げていくには、チャンネル発想がとても有効です。これがなければ、複数のビジネスを所有するのは難しいでしょう。まずは、練習で、Ｙｏｕ ｔｕｂｅを見ながらチャンネルを変えてメルマガ書いたり、本を読みながらフェイスブックを見たりと同時進行で何かをやってみましょう。賢いチャンネル思考が身につきます。

☆心磨き一言エッセンス

同時に複数の番組のスイッチを入れる

4倍速の決断で4倍の結果を出す

あなたは、1年で4年の結果を出す思考法があると言ったら信じますか？　大抵の人は、眉唾ものだと思って信じないでしょう。でも実はこれは、ある意味、真実なのです。

さて、ご説明しましょう。先に、80対20の法則で、80％の結果は20％の行動で生み出される話をしました（33ページ参照）。この視点で少し大雑把に考えると、1年の結果は3カ月の行動で生み出していることになります。では、この80％の結果を生み出す3カ月を4回繰り返したら、どんな結果が出るのでしょう。4年の結果が出る計算になります。

もう少しわかりやすくするために違った例え話をします。

中学生のA君がいたとしましょう。彼は、試験勉強を試験日の12日前に始めたとします。

最初の3日間は、まだ日程的に余裕があるのでのんびりしていましたが、残り3日になって一気に目の色を変えて勉強を始めました。さて、A君の最初の3日間と最後の3日間では、どちらの3日間が濃い時間になるでしょうか？

もちろん、スイッチがオンになって気合いが入っている最後の3日間だと思います。もし、A君が最後の3日間を初めから4回続けたら試験結果はどうなるでしょうか？当然、試験結果は良くなるはずです。理由は、時間の濃さがまったく違うからです。この濃い時間の発想を持って、それを繰り返せば、1年で4年分の結果も出せるのです。

私はいつも行動が早いと言われていますが、執筆も例外ではなく、最短の場合は10日から2週間ぐらいで書き終えてしまいます。何故、早いのかというと、書き出したら一気に濃い時間で書き進めていくからです。

私の場合は、やり出したらダラダラやるのは苦手で、モチベーションが高いうちに一気に畳みかけるようにやるスタイルです。逆にダラダラはできないタイプです。結果的に、何をやっても短い期間で成果を出してきました。

今まで手掛けてきたお店も、すべて通常より断然早いスピードでオープンさせてきました。ヘアサロンは、勤めていたお店を退職してから、わずか2ヶ月と12日でオープンさせましたし、日焼けサロンに至っては、日焼サロンに行ったこともないのに、わずか3ヶ月でオープンさせて、すぐに地域一番店まで育てました。

このように何をやっても早いのですが、それにはある秘密があって、先に紹介した濃い時間を短期間継続するという発想があるからです。

それに引き換え、何をやっても時間がかかってしまう人が、私のクライアントにもいます。私があるビジネスの企画書を作るアドバイスをしたのですが、2ヶ月経ってても3ヶ月経ってもでき上がって来ませんでした。

半年ほど経ったある日、ようやく完成のメールが来たのですが、その時にはすでに私も忘れかけていて、さらに私がそのビジネスを成功させるために用意したビジネスパートナー達も、しびれを切らしてすでに消えていました。

このケースの場合は、80対20の法則で言うところの、ダラダラと20%の結果を生み出すために80%の行動を取っていたことになります。正確には、何も生み出さず、逆に私へのコンサルフィーも払っているので、マイナスの計算です。

もちろん私もコンサルタントですから、早くやるように再三促しましたが、相手も大人なので嫌われてまで言うこともできず、内心は、呆れながらも根気よくアドバイスするしかないのです。

結論を言うと、遅い行動は百害あって一利なしです。早い行動は同じ時間で何度でも試行錯誤ができますし、試行錯誤の数だけ成功に近づき、早く行動する人はそれだけ早く成功をするのです。

同じ時間でより多くの結果を出すには、早い行動でしかも濃い時間を過ごすことが大事です。このスタイルを常に心がけていれば、1年で4年分の結果を出すことも可能です。

それでは、今日からこのスタイルを試してください。ポイントはモチベーションが上がっている時に一気にやることです。それから、気分が乗らない時には無理にはやらず、気分が乗ってきたチャンスを見のがさず、一気に駆け抜けることです。

☆心磨き一言エッセンス

モチベーションが高い時に一気に仕掛ける

予定は無視して繰り上げる

予定は未定という言葉がありますが、私はいつも予定は無視して繰り上げています。と言ってももちろん相手がいる予定ではなく、自分だけの予定の場合です。

つい先日も出版社との打ち合わせで、6月までに原稿をお願いしますと言われたのですが、常に前倒し発想があるので、この原稿も4月のうちに提出しました。世の中には、時間を敵に回す人と味方にする人がいます。敵に回す人というのは、言い換えれば常に時間に追われている人です。

例えば、午後4時までに終わらせないといけない案件がある時、朝から時間が空いているのに、わざわざ後ろから時間を見て、案件をこなすのに1時間かかるとしたら、午後3時にスタートする発想の人です。この様な人は、常に時間に追われています。

それに引き換え、時間を味方に付ける人は、昔流行ったゲーム「テトリス」の様に、空いている空間にどんどん案件を前倒しして詰めていきます。

「テトリス」とは、限られた空間に落ちてくる図形を隙間なく埋めて図形を消していくゲームです。無駄な隙間時間をなるべく減らし、工夫をすれば後ろに時間がたくさんできます。時間があるから何か問題が起きても取り返す余裕ができます。

先の午後4時までに終わらせないといけない案件でも、朝から予定がなければ、午前中に終わらせてしまい、それ以降は、時間を気にせずゆっくりしたり、他の案件をこなしたりします。

この二つのケースは、一見すると同じ1日でこなしている案件の量は同じように感じますが、実は大きな違いがあります。前者はとにかく時間に余裕がないので一発勝負で結果を出さないといけませんし、午後3時頃緊急の用事が入ってしまえばアウト、タスクをこなすことはできません。

それに引き換え後者は、もし失敗してもやり直す時間もありますし、緊急案件が同じ午後3時に入っても、すでにタスクはこなしているので問題ないし、急に具合が悪くなっても問題はありません。

私の知人の女性経営者で、ある時期に会うと必ず目を腫らして、眠そうな顔をしている女性がいます。理由はいつも決まって同じで、給与計算が間に合わなくて徹夜したというものです。彼女の場合は、完全に時間に追われて苦しんでいるケースです。

いつも時間に余裕がないので、ちょくちょく計算が遅れてしまうそうです。もちろん給料の遅延はできないので、そこだけは死守するようですが、基本いつもギリギリにならないとスタートできない人で、結果的に時間に追われています。

また、まったく違うタイプの友人著者の秘書がいます。彼女は、友人が忙しいので、かなりのレベルで友人の代行をしています。私も友人に連絡しても返事が遅い時には、直接秘書に連絡して業務をこなして貰ったり書類を出してもらったりします。

ある時でした。クライアントからお叱りのメールが届きました。私と友人著者はビジネスでパートナーシップを組んでいたために、クライアントを共有していましたが、何やら事務局が入金額を間違えたようで、その入金を当てにしていたらしく、かなりのご立腹で事務局ではなく私に直接メールが来たのです。

実は金銭的な部分は私の方では把握していなく、すべてビジネスパートナーの彼に任せていたのですが、クライアントが彼にメールしても音沙汰がないため、私にメールが来たという経緯でした。そこで、私は友人ではなく、彼の秘書にすぐにメールして、関係書類を探してもらいすぐに入金する旨をメールする様に指示しました。その後、すぐにクライアントからメールが来て、秘書の方が俊敏に対応しくれたと、今度はお褒めの言葉をもらいました。

結論から言うと、この早い対応が結局はクライアントの怒りを収め、さらには、褒めて頂けるような顧客満足につながったのです。この話は、直接時間を繰り上げて早めに行動するという視点から言うと、論点が違う話ですが、早い行動が良い結果をもたらしたという視点では同じです。

このように早い行動は、急な予定の変更だけでなく、ピンチの時でも最高の解決に導いてくれます。

私はこの行動スタイルに助けられたことが何度かあります。大事な取引先とのミーティングがあったのですが、一緒に行く友人がくれたメール本文中のミーティング場所のリンクに間違いがあり、違う場所に行ってしまったのです。でも私は、いつも時間的余裕を持って待ち合わせ場所に早く行き、近くのカフェで仕事をするスタイルを取っているので、その時も、すぐに本来の場所をみつけ遅れずに到着し先方に迷惑をかけず、信用を失わなくて済みました。

この様な前倒し発想や予定を繰り上げる習慣は、急なトラブルにも、上手くいかない時の試行錯誤にも対応できる最高の習慣です。どうぞ試してみてくださいね。

☆心磨き一言エッセンス

時間は前倒しして後ろに余裕を作る

第7章

「自己実現」のレッスン

〜〜ビジネスの宝石商になる〜〜

自分の中のダイヤモンドの原石を探す

あなたは自分には価値がないと思っていませんか？

「ないない」と頷いたあなた。その考えは残念ながら不正解です。どんな人にも、ダイヤモンドの原石になる部分は必ず存在します。ただ見つけ方を知らないだけです。ダイヤモンドの原石は、ただ眺めているだけでは見つかりません。鉱山に穴を掘って中を探索しなければ見つからないのです。

鉱山というのは、あなたの過去で、穴を掘る行為は、過去のあなたの人生の棚卸しを意味します。では、どんなことがあなたの中のダイヤモンドの原石になり得るかというと、あなたが過去に悩んだことや、友人によく頼まれること、努力しなくても自然にできてしまう得意なこと、ありがとうをたくさん言われ感謝されることなどです。

それでは一つ一つ説明します。

1　あなたが過去に悩んだこと。

過去に悩んだことが、何故強みになるかと言うと、過去の悩みを現在も解決できず、悩んでいる場合はダメですが、過去の悩みを現在は克服しているのであれば、その悩み解決のプロセスがあなたの商品となります。

お客様は過去のあなたと同じように、現在その悩みを抱えている人です。そして、あなたは、その分野の悩み解決の専門家となれるのです。さらに、その分野で本を出版し専門家のトップポジションを明確にすれば、メディアからも引き合いがきてクライアントにも人気の存在になります。

2　よく友人に頼まれること

友人からの頼まれごとの中にも、ダイヤモンドの原石が隠れています。人が何かを頼む時には、その頼みごとが得意な人に頼みます。例えば、飲み会の会場探しが得意な人には、幹事の役割がよく巡ってきます。実は私自身もこのパターンで、現在プロデューサーの仕事もしています。最初は自分からやろうと思っていたわけではなく、人から頼まれてやったのです。

私の場合は、たまたまプロデュースを依頼してきた人が、世界一のギター会社をつくった横内祐一郎氏という超稀なケースでしたが、結果的にこの経験が私の新たな肩書「世界一の男のプロデューサー」となり、ダイヤモンドとなって輝きだしたのです。そして、元ミスワールド日本代表の女性がビジネスを始める時に、ビジネスブランディングサポートをしたことがきっかけで、さらにダイヤモンドが磨かれました。

3 努力しなくても自然にできてしまう得意なこと

過去の悩みを解決したプロセスもダイヤモンドの原石なのですが、逆に努力しなくても勝手にできてしまうこともダイヤモンドの原石となります。

私がたまに聞かれることで、「どこかで話し方の勉強をしたのですか?」というものがあります。私は話し方の勉強はまったくしていないのですが、人から見ればとてもスムーズにペラペラと話しているようです。私自身も話すことにはまったく違和感はなく、ほとんどプレッシャーも感じません。また、何か商品を売るクロージングの依頼も多数あり、その様な塾をやってくださいというオファーを受け、実際にやったこともあります。

さらに、誰もが知っているフランスのパリで開催される世界最大のファッションコレクションの日本スタッフチームのバックヤード業務のクロージング依頼を受けて、スピーカーとして話したこともあります。

このパターンも、努力しないで自然にできてしまうことが、ダイヤモンドになったケースです。

4　ありがとうをたくさん言われること

ありがとうをたくさん言われることとは、自分で意識していなくても自然にやっていることだと言えます。私の友人の女性著者で、とても気が利く女性がいます。彼女はパーティー会場などで、頼んでいなくても料理などを小皿に入れて持ってきてくれます。

実はこの行為は非常にありがたい行為で、私達著者の場合は、他の人が名刺交換をしに来てくれるケースがたいへん多いので、その度に少し会話をします。これが続くわけですから当然食事などを取りに行く時間はありません。もしあったとしても、あまりガツガツ食べるのもカッコいいものではありません。でも、ホテルの料理などは、やっぱり少しでも食べてみたい気もします。そんな時に、このおもてなしをされると、本当に感謝の気持ちが湧き、「ありがとう」となります。

彼女は当然普段からしていることでしょうから、たくさんありがとうを言われているはずです。彼女はこの気遣いの部分がダイヤモンドの原石となって、婚活の専門家として女性の婚活をサポートして大人気でテレビにも頻繁に出演しています。

以上、この四つの視点で自分を見れば、必ずダイヤモンドの原石は見つかります。

今すぐノートを取り出して、ダイヤモンドの原石リストを作ってみましょう。

☆心磨き一言エッセンス

どんな人にもダイヤモンドの原石はある

見つけた原石を100倍の価値にする

あなたのダイヤモンドは見つかりましたか?

先にダイヤモンドの見つけ方をお教えしましたが、ダイヤモンドはスキルやノウハウだけではありません。ご自身の外見がダイヤモンドの原石であることもあります。

このような人達は、皆他人からきれいだと言われて育ってきた人達だと思いますが、彼女達の場合は、スキルではなく外見にダイヤモンドが見つかったケースです。

ある日のことです。私の元に一通のメールが届きました。差し出し人は、以前私の主催した横内塾という合宿塾に参加したコンサルタント安藤憲夫さんです。

彼は、一般社団法人東京ビジネス倶楽部という団体の顧問の他、数社の役員、コンサルタントをしていて、メールの内容は、私にラジオ番組に出て欲しいというオファーでした。

私も、ラジオは以前にも何度か出ていましたし、安藤さん自体がとても素敵な方で共感を持っていましたので、二つ返事で了解しました。

さて、当日ＴＯＫＹＯ　ＦＭ半蔵門スタジオに行ってみると、おきれいな方がパーソナリティで、とても輝いていて素敵な方だなと第一印象で感じたのですが、それもそのはずで、彼女はミス・グランド・ジャパンの初代日本代表だったのです。初代と言っても第一回が２０１３年ですので、まだまだお若い方です。

彼女の名前は、吉井絵梨子さんと言って、秋田県生まれで海外に留学していたバイリンガルです。高校時代にミスコンに興味を持ち、いずれ挑戦しようと思っていたそうですが、初めて参加したミス・ユニバース・ジャパンでファイナリストに選ばれ、その後、ミス・グランド・ジャパン日本代表に選出されたという、ある意味ではミラクルな女性でもあります。

現在は、ミス・グランド・ジャパンの運営代表として、ご自身の経験を活かし、世界に通じる日本人女性を育てようとの夢を持っています。

彼女は、分野こそ私とは違いますが、同じようにダイヤモンドの原石を見つけ、磨き上げる仕事をしているのです。

さて、ここでミスコンの詳細を話しますと、世界には４大ミスコンテストがあり、ミス・グランド・ジャパン、ミス・ユニバース、ミス・ワールド、ミス・インターナショナル、とあります。ミス・グランド・ジャパンは日本開催の第一回目が２０１３年と参入が遅く、規模やクオリティーではこの中でもトップレベルなのですが、日本での知名度はまだ低く、これから日本の認知度もトップになると言われています。

そんなご縁から私も何かお手伝いはできないかと考えていた時に、【ＭＩＳＳ ＧＲＡＮＤ ＪＡＰＡＮ ２０１９】の「キャリアアドバイザー」のオファーを受け、この度就任いたしました。

その後、関係者からミス・グランド・ジャパンのファイナリストが決選大会に向けてトレーニングする日があるのでお越しくださいとお誘いを受けました。

会場は原宿だったのですが、トレーニングジムに入ってみると、日曜日の原宿の賑やかな雰囲気とは裏腹に、真剣な眼差しでトレーニングをする彼女達を見て感動しました。これがプロフェッショナルのトレーニングなのかと思うほどハードなものでしたが、さすがはファイナリスト、きついにも関わらず、顔色一つ変えません。しかも、汗もそれほどかかないのです。

さらに驚いたのは、このトレーニングの前にすでに他のメイクアップ講習をこなし、その後もダンスのレッスンをするというのです。並の男性でも根を上げるメニューを平然とこなしているのです。

　私もそれまでにミスコンのステージをテレビなどで見たことはありましたが、皆、華やかな表舞台で輝いて、眩い光を発する素敵な女性達ばかりでした。その彼女達が、裏に回れば、男性でも根を上げるような厳しいトレーニングを、自分というダイヤモンドを輝かせるために、真剣な眼差しで取り組んでいたのです。

　そんな彼女達の姿に感動したので、敬意をこめてここでファイナリスト全員のお名前を掲載させていただきます。

【MISS GRAND JAPAN 2019 FINALIST】大鷹りか、吉澤寛加、関根穂之美、澤田絵玲奈、柴山星莉奈、藤本さくら、川島りか、板垣黛奈、小濵千春、湊谷亜斗林、邊玲佳、松村奈緒、大森美穂、長崎百華、杉田彩夏、井澤真澄、上田麻未、谷口雛、水谷和歌奈、村井未生、金城仁美、吉田綾菜、中西菜月、藤田雅馨、田中愛莉、栽愛美

　私がこの時に感じたのは、ビジネスの世界でも美の世界でも、ダイヤモンドの種類は違えども、裏側でする努力は同じなんだなと心底思いました。ビジネスの世界で

も、見つけたダイヤモンドを様々なスキルを使って努力し磨き上げれば、価値は原石の時の100倍に膨れ上がります。実際に私のクライアントでも、当初1万円もらえばよいかなというようなレベルの原石商品でも、精魂込めて磨き上げた結果、現在は100万円の価値を見出したものもあります。

また、先のミスコンの女性達も、素材はもちろん良いですが、もし磨かなければ、普通に街を歩いていてもファイナリストだとは思われないかもしれませんし、舞台に立ってもそれほど輝きを発することはないでしょう。

でも、本気になって磨き上げれば、その後、タレントやモデルになったり、映画女優になったり、あるいはファイナリストのトレーニング経験を活かしてトレーナーやコーチになるなど、輝きを発して100倍の価値を生み出すはずです。

失敗体験も立派なダイヤモンドです。例えば、子供の公園デビューというシーンがあります。うまくデビューが果たせずママ友の中のボス的存在との交流に失敗した女性がいました。彼女は子供と公園に行かずに、家でなぜ失敗したのかを分析、研究した結果、次こそはと再び公園デビューに挑戦したら、今度は彼女がママ友たちを席巻しボス的存在になれたという話があります。

また、自分自身の中に既に持っているダイヤモンドに気づかない場合、ＳＮＳで発信したことから評判高くなり、自分の中にダイヤモンドがあったと気づいた例もあります。

あるママは子供に作るキャラ弁がとても上手で、その方は単にお弁当作りが好きだからやっていただけでした。しかし、作ったキャラ弁をＳＮＳで発信したら大評判となり、一躍有名人になった方がいました。自分では当たり前のことでも、他人から見たら素晴らしい才能であり、自分で気づいていないダイヤモンドの原石です。

大切なことは、見つけたダイヤモンドの原石を本気で磨き上げることです。そして、それを欲しいであろうお客様にしっかりと届け、何かの問題に悩んでいる人を救うことなのです。

☆心磨き一言エッセンス

自分というダイヤモンドを光り輝かせる

ダイヤを最高のショーケースに入れよう

ダイヤモンドが一番きれいに見える時はどんな時か知っていますか？　それは、徹底的に磨かれ、きれいなショーケースに入れられて、外からライティングした時です。この時が一番お客様の目に止まり、買いたいという欲求を生み出す時です。

これはダイヤに限った話ではありません。車でも家でも同じです。車は、ピカピカに磨かれショールームに置かれている時が一番お客様の購入欲求を生み出します。だから各メーカーは、ショールームを作り、きれいに見せる努力をするのです。しかも高級車は、銀座など場所の力を借りて素材そのものを引き立てる努力をします。

例えば、同じ車でも、まったく洗車されてなく汚いままで路上に放置されている場合と、ピカピカに磨かれ、銀座のショーケースに置かれている場合では、同じ車でも価値が変わりますし、お客様に与える印象も大きく変わるでしょう。

住宅に関しても同じことが言えます。なぜ住宅メーカーは高いお金を出して土地を借り住宅展示場を作るのでしょうか？　それは、住宅展示場が一番家が売れる場所だからです。

では、なぜ売れるのか？　理由は、家が一番きれいに見えるからです。最高の装備で可能なオプションをすべてつけて、最後に周りからライトアップして、家が本来の価値の何倍にも見える形にして、お客様にお見せするのです。こうすることで、お客様の買いたい欲求をマックスに上げるのです。

この論理は、あなたというダイヤモンドでもまったく同じです。あなたが見つけ出したダイヤモンドを、お客様に一番輝く状態で見せて、購入してもらうには、同じように磨き上げて輝かせる必要があります。

つまり、ショーケースに入って輝いているダイヤモンドと同じ状態にするのです。そのためには、見せ方がとても大事です。この作業をビジネス用語でブランディングすると言います。

さて、現在のビジネスのスタイルは昔と大きく変わりました。というのは、インターネット時代になり、ほとんどの人がスマホを持つようになった現在では、検索時代と呼ばれています。だからどの企業も高いお金を払って、検索キーワードを購入して、自分のお客様になり得る人が、自社のホームページに辿り着く仕掛けを作るのです。

皆さんも経験あると思いますが、もしどこかに旅行に行きたくなった時は、まずは最初にその場所を検索して、どんな観光ができるのかを調べ、さらには宿泊するホテルの内容を調べると思います。それで内容が気に入ったら、その場でネットで予約するか、予約の電話をするでしょう。

実は私自身も全く同じシチュエーションで、つい先日、あるレストランに予約の電話をしたばかりです。私は友人2人と3人でベストセラー倶楽部というベストセラー作家が集まるコミュニティーを主催しています。

この倶楽部には、ベストセラー作家として活躍している作家やテレビに出るようなブレイクしている作家も多くいます。あらゆる分野の講演依頼も受注可能ですので、ご希望がありましたらプロフィールのメールアドレスからご連絡ください。

この会では、定期的にイベントを開催していて、素敵なレストランでディナーしながら近況を話したり、メンバーが出版した時には皆で応援し合う場を作っています。

このイベントの会場は、すべて私がセレクトしているのですが、いつも実物を見ないで検索してネットから予約しています。この様に、現在のビジネスではターゲットになり得る人が、あなたという商品に辿り着くルートのほとんどがネット経由なのです。もちろん人からの口コミもありますが、その場合でも一度は検索して内容を調べるでしょう。

ということは、リアルなあなたももちろん大事ですが、その前にファーストコンタクトとなるネット上に現れる、あなたやあなたの商品を徹底的に磨き上げる必要があるのです。

具体的には、お客様が最初に目にするワードプレスで作ったブログ型ホームページであったり、アメブロであったりします。もちろんビジネスパーソンが多く使用しているフェイスブックも大事ですが、外部から検索で辿り着ける、ブログ型ホームページが一番有効です。

この見せ方を変えるだけで大きくその後の結果が変わります。私は今まで、様々なメディアのオファーを受けていますが、そのほとんどがブログやホームページを見て入ってきています。もちろんこの本を含めすでに11冊の本を出していますので、本を読んでからホームページをチェックされるパターンもありますが、本は誰でも出せるわけではないので、まずやるべきことは、検索されたお客様が最初にあなたやあなたの商品に接する部分の見せ方を最高の状態にすることです。

つまり、ネット上に最高に輝かせたダイヤモンドのあなたをショールームに入れて飾っておくことなのです。

実は、私のメインの仕事はブランディングプロデュースと言って、この部分を作りあげることです。もし興味のある方は「日本女性ビジネスブランディング協会」で検索してみてください。

☆心磨き一言エッセンス

あなたをダイヤモンドの様にショーケースに入れよう

ダイヤが一番似合う人を探す

あなたは客寄せパンダという言葉を知っていますか？

この言葉は上野動物園にパンダがやって来た時に生まれた言葉です。お客様は可愛いパンダを見たくて行列を作って上野動物園に行ったのです。言い方を変えると、上野動物園はパンダの人気を借りてお客様を集客したのです。

また、ビジネス用語で広告塔という言葉もあります。この言葉の意味は、ある商品を最高の商品だと見せるために、芸能人や著名人を使って商品価値を上げることを言います。

具体的にはその商品を著名人に実際に使ってもらい、その効果をサイト上で語ってもらったり、テレビCMのように、実際には使っていないが、さもその人が使っている様に見せかけて、商品価値を上げることをいいます。誤解を招かないように言いますと、実際に使っている場合もあります。

例えば、こんな例もあります。髪の毛が簡単に染まる商品を有名な女優さんやタレントさんが、さも使っているかのように宣伝するコマーシャルです。女優さんやタレントさんは、専属のヘアスタイリストや専属のお抱え美容師さんが付いているので、基本的には、ワンプッシュで簡単に染まるような商品は絶対に使っていませんが、テレビCMを見る限りでは、さも使っているかのような錯覚を与えます。もちろん視聴者もそれはわかっているとは思いますが、その商品のイメージがグンと上がるために、つい購買意欲が高まり買ってしまうのです。

他にもよくあるパターンとしては、サプリメントです。この商品は、高齢者をターゲットにしたものが多いですが、たいへん健康的な冒険家や、高齢でもよく活躍している俳優さんなどが広告塔を務めています。

その結果、視聴者はこの広告塔に自分を重ね合わせて、自分もタレントの様に高齢であってもアクティブに人生を過ごしたいと感じ、購入に走るのです。私自身もこのような手法の商品を購入したこともあります。

私がこの世界に参入した時にも同じような手法になりました。私の場合は、広告塔ではないですが、実際のお客様の声が、結果的には広告塔と同じような役割を果たしたケースです。

私の場合は、たまたまサポートしたクライアントがお二人ともすでに名前が売れており、結果的に私のプロデュースの信用度が上がったケースです。

まず、私が最初にプロデュースしたクライアントは、なんと世界一のギター会社「フジゲン」をつくった横内祐一郎氏だったために、非常に高い信用度が得られたのです。

しかも、私のホームページに横内氏の顔写真や推薦の声などが掲載されていたために一気に信用度が増し、ビジネスがステージアップしました。

次に女性のクライアントが増えて、女性起業ブランディングの専門家と名乗るきっかけになった出来事です。ある著名人が集まるパーティーでご縁ができたミス・ワールドの日本大会で優勝した女性のビジネスブランディングサポートをしたことがきっかけでした。

彼女のケースも、私のホームページに、私が作ったブランディングコンセプトの画像が掲載されていたために、それを見た多くの女性たちからサポートして欲しいとのご依頼がありました。こちらも結果的に、非常に大きな訴求力がターゲットに生まれたのです。

逆に私が広告塔になったケースもあります。私は20代の頃は、毎年海外に行っていましたので、英会話にはすごく興味を持っていましたが、どんなに英語教材を購入しても全く話せるようにはなりませんでした。

なぜ毎年行っていたのかというと、当時の私はとても仕事に厳しく、定休日以外に休みを取ることを嫌っていましたので、当然私を含めたスタッフも友人との旅行は行けない状況でした。そのスタッフの姿を見ていて不憫に思っている部分もありましたので、それなら私が連れて行ってやろうと、経営するヘアサロンの社員旅行でスタッフを毎年海外に連れて行っていたのです。

手前味噌ですが、スタッフの旅費もすべて私持ちで、小遣いだけ自分で持って行ってもらうスタイルでしたが、ある意味、それで恩返しをしていました。

さて、その様な経緯もあり、英語に興味を持っていたので、たくさんの英語教材を購入したのですが、一向に話せるようになりませんでした。英語だけは人生の中でできないことだなと諦めていたのですが、一人の女性が現れて私に英語レッスンをしたところ、なんと半年で英語が話せるようになったのです。

彼女は、日本人ですがカナダ生まれで28歳までカナダに住んでいたネイティブで、甲斐ナオミさんといいます。仕事は国営テレビの翻訳や英語のナレーション、店舗向け接客英語研修や、さらには「日本に住みながらバイリンガルをつくる」をモットーに、子供英語スクールや個人レッスンをしています。興味のある人は、「甲斐ナオミ・英語」で検索してください。

さて、話を戻しまして、私は今では都内の宿泊先でもちょくちょく外国人と会話できるようにまでなりました。つい先日もニューヨーカーと15分ほど、日本とニューヨークの文化の違いについて議論したほどです。

この彼女のケースですが、ある出版社に英語本の企画を提案した時に、私と彼女の英会話動画をお見せしました。するとまったく英語が話せなかった英語難民の私がここまで話せるようになったコンテンツは本物だとなり、出版が決定したのです。これは私自身が広告塔になったケースです。

さて、あなたの商品が一番輝く広告塔は誰ですか？　今すぐ探して、無料でもいいのでお客様になってもらいましょう。その事例が多くのお客様を引き寄せてくれるでしょう

☆心磨き一言エッセンス

お客様を引き寄せる磁石を探せ

あなたの信者を作ろう

あなたの商品を購入してくれる人が現れて来たら、お客様が楽しく遊べる遊園地を作りましょう。えっ遊園地って？　と思った方も多いでしょう。そう大人が遊べる遊園地、つまり、コミュニティを作るのです。

一度購入してくれたお客様も放っておいたらどこかに消えてしまいます。これは一度デートをした人でも、その後連絡を取らなかったらどこかに消えてしまうパターンに似ています。

中には、私はメルマガを出して繋がっているから大丈夫とか、ブログを毎日書いているから問題ない、フェイスブックで繋がっているから、と思っている人が多いと思いますが、これは間違いです。

他の同じような商品を売っている人も常にあなたのお客様を狙っていますし、お客様自体も浮気者です。だから定期的にリアルに会うことが重要なのです。リアルに会うことほど、繋がりを感じることはないのです。

アイドルがよく握手会を開催したり、ファンと直接会うイベントを開催するのもそのためです。最近ではショールームというアプリがあって、アイドルがリアルで話している動画を流し、同じ時間でファンがコメントを書き込み、さらに、お金を寄付するという、バーチャルリアリティのような仕組みもでき上がっています。

これなどは、実際には会っていないのですが、限りなくリアルに会っている雰囲気を醸し出しているので、実際に見ている視聴者が、強い繋がりを感じ、応援としての寄付をするわけです。

さて、あなたのビジネスにもこの仕組みを作り上げる必要があります。いうなればあなたのファンクラブのようなものです。このファンクラブがあなたとお客様の関係をより強固なものにします。ご自身でファンクラブの仕組みを作ってもよいですが、大手が提供しているファンクラブ作りの仕組みを使うこともできます。お勧めの会社は2社ありますが、それぞれに特徴があるので、ご自身でよく調べてからご利用されるとよいでしょう。

私の使ったことがあるファンクラブの仕組みは、ＤＭＭオンラインサロンとキャンプファイヤー様のファンクラブです。現在私は、キャンプファイヤー様のファンクラブの仕組みを使っております。

こちらもレアなケースで、私のアメブロを見てくれていた担当者が、アメブロのメッセージで連絡をくれたのがご縁となりました。その後、ホテルラウンジでお会いして詳細をお聞きしてスタートする運びとなりました。

実は、私のサービスメニューの中に、オンラインサロン構築サポートメニューもありますので、興味のある人は、ページ最後のメールアドレスからお問い合わせください。

ちなみに、私のファンクラブは「世界一の男のプロデュース室」という名称で、毎月一回渋谷のキャンプファイヤー様のセミナールームで開催しています。セミナー後は、毎回渋谷のイタリアンやワインバーで参加者とエンジョイしています。不思議なことに一番盛り上がるのはこの時間ですが。(笑)

遠方の方や海外でも参加できるように、リアル参加とズーム参加の2種類用意しています。当日参加できない人は、ズームのレコーディング機能で録画しているため、お好きなタイミングで視聴できるシステムになっているので安心です。内容は、セミナー企画室・グループコンサル企画室・イベント企画室・人脈作り企画室・クリエイティブ企画室に分かれていてお好きな企画室に入って、活動して頂くシステムです。とっても楽しいですよ。興味のある人は、「世界一の男のプロデュース室」で検索してください。

さて、いよいよ最後になりますが、この本はあなたが夢を実現したり、成功を手にするために書きました。今までどんなに頑張っても結果が出なかった人でも、この本の「心磨き7レッスン」をインストールし、行動や考え方の指針として頂ければ、絶対に成功できるようになります。

世の中に絶対という言葉はないと言われますが、あなたが本気なら、絶対に結果は出るはずです。勇気を持って行動を起こしてください。

人生は有限です。あなたに与えられた時間も永遠ではありません。与えられた人生という映画の中でしっかり主役を演じてください。あなたの人生という映画のシナリオは、あなた自身が書くことができますし、どんな素敵なストーリーでも、あなたの思うがままです。勇気を持って踏み出してください。あなたの夢が実現することを心から願っています。

あとがき

実力の差とは、本当は心のレベルの差なのです

この本を最後まで読んで頂いてありがとうございます。

私の人生は人とのご縁で作られてきました。私自身には大して能力もないのに、多くの人に引き上げて頂いてここまで来れました。

私がやってきたことは、スキルとノウハウ以外の心の部分が大部分です、スキルやノウハウは時代によって変わったり、人に任せることができますが、心の部分は誰にも任せることはできません。

あなたに代わって心の代役をしてくれる人はいないのです。

そして、心の部分が結果のすべてを左右します。ですから、あなたの人生が上手く

いくかどうかは、すべて心の問題です。あなたが心を磨けば、あなたの人生は思い通りになります。

今もしあなたが、何かのトラブルを抱えていたり、壁にぶつかっていたり、人生に絶望していたとしても、すべて心の持ち方を変えれば、人生は必ず好転します。

極端な言い方をすれば、どんな心を持つかによって、人生は彩られるのです。現在苦しさを感じている人は、苦しい人生を引き寄せる心の持ち方をしているのです。それに引き換え、現在理想の人生を送っている人は、良い心の持ち方をしているのです。

でも本当は、そのような人でも、人生のどこかで挫折して、壁にぶつかって苦しんで、その後、心の在り方を学んで、人生を好転させたのです。

何を隠そう私自身もそうだったのです。心が磨かれていなかった時には、トラブルばかり起こし、問題を多く抱えていました。学生時代は悪さばかりして問題を起こし、転校を余儀なくされ、結局高校も4年間通ったほどです。

でも、ある時に、心の在り方の重要性に気付いて心磨きをスタートした結果、人生が音を立てて変わり出したのです。

私は、女性がビジネスでシンデレラになる方法や、ブログ発信の仕方で自身のブランディングを戦略的に作る方法をお伝えするなど、女性起業家のブランディングを専門としています。

今の時代、女性が活躍できる土壌がそろってきています。様々な立場の女性起業家をたくさん輩出していますが、中にはお子さんをお持ちのお母さんも多くいらっしゃいます。輝いているお母さんの姿は、その背中を見ながら成長していく子供に非常に良い影響を与えるに違いなく、社会も活性化していくでしょう。

私は女性起業家のためのコミュニティなど、女性が活躍できる土壌、女性がもっと自己表現をしていける場所を今後も更に作っていきたいと考えています。

現在、SNSで好感度が上がる文章の書き方をレクチャーするオンラインサロン「ふみサロ」を、青山学院大学で出版ジャーナリズムの授業を持つ非常勤講師であり、元角川学芸出版編集長、城村典子さんと一緒に運営しております。

もし、SNSで高感度の上がる文章の書き方を学びたい人は、どうぞチェックしてみてください。【キャンプファイヤー・ふみサロ!】で検索してください。

こちらは、文章を学びながら、人生も次元上昇していこうというポジティブなオンラインサロンです。

「心磨き7レッスン」は、あなたの人生を間違いなく大きく変えますので、勇気を持って夢実現のスタートを今すぐ切ってください。

夢を叶えたステキなあなたに会えることを、心から願っています。

女性が仕事で夢を叶える心磨き7レッスントレーナー
ミス・グランド・ジャパン2019キャリアアドバイザー
女性起業ブランディングの専門家　後藤勇人

心磨き7レッスン

一言エッセンス集

「行動」のレッスン

・自分らしさで可能性をつぶすな
・イメージの完成が夢実現の鍵
・成功のレシピを活用しよう
・たまにするズルは、受け入れよう
・目先の結果を追わずに気長に攻める

「人間関係」のレッスン

・多少損しても相手が喜ぶ提案をする
・短所は個性だと割り切る
・強みミックスで無限の可能性を探ろう
・良好な人間関係は相手の逃げ道から作られる
・相手が絶対に断れない美味しい提案を用意する

「お金」のレッスン

・お金で目的地行きの切符を買う
・人を喜ばせてお金を頂こう
・お金は抱え込もうとすると逆に入らなくなる
・お金を使えば、人のスキルと人生が丸ごと手に入る
・お金を上手く使えば労働が減っても実入りが増える

「問題解決」のレッスン

・問題の本質から逃げずに、正面から対峙する
・ネガティブ思考で問題解決
・最初に最高の仕組みを作ろう
・問題解決のメソッドで売り上げも同時にアップ
・問題はお金を生む金の卵

「逆境」のレッスン

・逆風を上手く利用して大空へ舞い上がろう
・雨の後には、必ず晴れの日が来る
・チャンスは３６０回ある
・逆境を乗り越えると、最強の自分に出会える
・逆境の後は、変化し進化した自分に出会える

「時間」のレッスン

・インスピレーションと概要だけで動く
・隙間時間も立派な時間
・同時に複数の番組のスイッチを入れる
・モチベーションが高い時に一気に仕掛ける
・時間は前倒しして後ろに余裕を作る

「自己実現」のレッスン

・どんな人にもダイヤモンドの原石はある
・自分というダイヤモンドを光り輝かせる
・あなたをダイヤモンドの様にショーケースに入れよう
・お客様を引き寄せる磁石を探せ

女性ブランディングのセミナー風景

後藤勇人からのあなたにビッグプレゼント

夢実現のスペシャル３点セットを無料でお届けします！
「あなたがビジネスシンデレラになる最強マインドの作り方」（60 分）
「お金になるセミナーコンテンツの作り方」（60 分）
「ブログを使ったブランディング戦略」（60 分）
成功行きの切符が今すぐ手に入ります！

＜こんな人にお勧め＞

・ビジネスシンデレラになる最強マインドが欲しい
・ブログを使ってブランディングしたい
・お金になるセミナーコンテンツを作りたい

ＵＲＬ：http://jwbba.com/cmp1906

QR コードはこちらから
↓

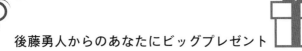

世界一の男のプロデュース室

https://bit.ly/2Vtf1A2

お問合せアドレス info@jwbba.com

検索「世界一の男のプロデュース室」

ファンクラブ構築メニューページ

https://bit.ly/2HetLtC

お問合せアドレス info@jwbba.com

検索「後藤勇人・コラボビジネス」

一般社団法人「日本女性ビジネスブランディング協会」

http://jwbba.com/

お問合せアドレス info@jwbba.com

検索「日本女性ビジネスブランディング協会」

日本女性ビジネスブランディング協会の構成要素と流れ

起業したい、起業に興味がある方対象

STEP1 まずは無料メルマガや個人相談、お得な会員制度に参加頂き、協会のことを知ってください

- メルマガ
- 個人セッション
- 世界一の男のプロデュース室会員

↓

STEP2 自分の業となるブランド作りや必要なスキルを学び、自分ブランド構築、独立起業、プチ起業を目指します。

- ブランディング
- 出版プロデュース
- 各種スキル受講

↓

STEP3 独立後の不安や悩みも解消、ご安心下さい。継続的なビジネスサポートや、講師としての活動、協会と共に活動することも可能です。

- ビジネスサポート
- 認定講師
- ビジネスパートナー

すでに起業して成功している方対象

- コンサル・顧問サポート
- 個人セッション
- 世界一の男のプロデュース室会員
- ビジネスパートナー

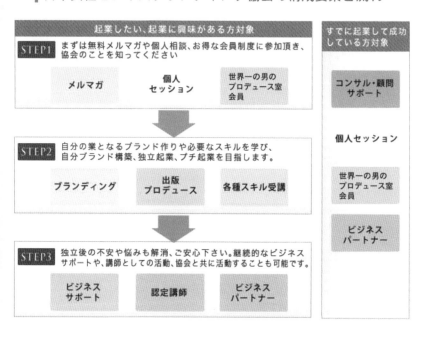

後藤勇人 プロフィール

女性が仕事で夢を叶える「心磨き7レッスン」トレーナー
女性起業ブランディングの専門家
ミス・グランド・ジャパン2019「キャリアアドバイザー」

専門学校卒業後、24歳の時にヘアサロンをオープン、その後、ショットBAR、日焼けサロン、美容室と32歳までにグループ4店舗に拡大、1億円の自社ビルを建て、年収2000万を達成。

その後一冊の本の出版を契機に、セミナー、コンサルティング業界にも参入。

グレコのギターで有名な世界のギターファクトリー「フジゲン」創業者横内祐一郎氏のプロデュースや、元ミスワールド日本代表のビジネスブランディングサポートをしたことをきっかけに「世界一の男のプロデューサー」と呼ばれ、多くの女性クライアントが殺到、女性起業ブランディングの専門家として活躍。

現在は、世界の4大ミスコンテストの一つ、ミス・グランド・ジャパン2019のキャリアアドバイザーも務めながら、国内外問わず世界中の多くの女性起業家のブランド構築のサポートをしている。

著書『その1分を変えなさい』(実業之日本社)、『人生を変える朝1分の習慣』(あさ出版)、『結果を出し続ける人が朝やること』(あさ出版)、『なぜ「女性起業」は男の10倍成功するのか』(ぱる出版)など多数。

・講演・企業研修・執筆など各種お問合せ
　メールアドレス　info@jwbba.com
・オンラインサロン「世界一の男のプロデュース室」で検索
・メルマガ「後藤勇人のメルマガ」で検索

女性《じょせい》が仕事《しごと》で夢《ゆめ》を叶《かな》える!
心《こころ》磨《みが》き7レッスン

2019年8月1日　初版第1刷

著者：後藤勇人《ごとうはやと》
発行人：松崎義行
発行：みらいパブリッシング
〒166-0003 東京都杉並区高円寺南4-26-12 福丸ビル6F
TEL：03-5913-8611　FAX：03-5913-8011
企画協力：Jディスカヴァー
編集：道倉重寿　大庭千絵
ブックデザイン：堀川さゆり
イラスト(表紙・本文)：桜沢エリカ
発売：星雲社
〒112-0005 東京都文京区水道1-3-30
TEL：03-3868-3275　FAX：03-3868-6588
印刷・製本　株式会社上野印刷所

ISBN978-4-434-26227-2 C2034